文化领域下的
英汉语言比较研究

负玮 著

吉林大学出版社
·长春·

图书在版编目（CIP）数据

文化领域下的英汉语言比较研究 / 负玮著 . — 长春：吉林大学出版社 , 2020.6

ISBN 978-7-5692-6567-5

Ⅰ . ①文… Ⅱ . ①负… Ⅲ . ①英语—对比研究—汉语 Ⅳ . ① H31 ② H1

中国版本图书馆 CIP 数据核字（2020）第 093255 号

书　　名	文化领域下的英汉语言比较研究
	WENHUA LINGYU XIA DE YING-HAN YUYAN BIJIAO YANJIU
作　　者	负　玮　著
策划编辑	张文涛
责任编辑	樊俊恒
责任校对	张鸿鹤
装帧设计	崔　蕾
出版发行	吉林大学出版社
社　　址	长春市人民大街 4059 号
邮政编码	130021
发行电话	0431-89580028/29/21
网　　址	http://www.jlup.com.cn
电子邮箱	jdcbs@jlu.edu.cn
印　　刷	北京亚吉飞数码科技有限公司
开　　本	787mm×1092mm　1/16
印　　张	16.75
字　　数	217 千字
版　　次	2021 年 3 月　第 1 版
印　　次	2021 年 3 月　第 1 次
书　　号	ISBN 978-7-5692-6567-5
定　　价	82.00 元

版权所有　翻印必究

前 言

语言与文化有着密不可分的关系。众所周知,语言属于一种社会文化现象,是社会文化在不断的进步和发展中形成的。简单来说,任何语言的形成与发展都离不开社会文化环境。同样,社会文化环境又对语言使用者的思维方式与表达能力起着制约作用。因此,语言与文化是水乳交融、不可分割的关系。英汉语言都是各自独立的语言,也必然离不开各自民族的文化。

随着国与国之间交往的日益紧密,各民族的关系也更为密切,不同民族文化的相互融合极大地促进了人类文化的发展。人类文化虽然具有一定的共性,但是也具有明显的差异性。英汉民族在具体的交往过程中,在称呼、问候、价值观、时间观等层面会带有明显的差异性,这些差异性的存在对跨文化交际的顺利进行有着直接的影响。交际者需要在尊重不同文化的基础上,了解与处理这些差异,这样才能保证跨文化交际的顺利展开。因此,交际者需要掌握母语的语言文化与目的语的语言文化,并考虑具体的语境进行跨文化交际。基于此,作者在参照大量相关著作的基础上,精心撰写了《文化领域下的英汉语言比较研究》一书。

本书共包含九章。第一章开篇点题,对文化与语言进行解析,首先分析了什么是文化和语言,并进一步探讨了二者的关系。第二章对文化领域下的英汉思维与观念进行比较研究,包含英汉思维模式、价值观念与时空观念的比较。第三章从词汇、句法、语篇、修辞四个层面来探讨文化领域下的英汉语言差异。第四章至第九章为本书的重点,具体对文化领域下的英汉数字词、颜色词、动物词、植物词、人名、地名、方位词、习语、典故、禁忌语、委婉语、言语交际行为、非言语交际行为、节日、饮食、服饰、建筑多个层面进行比较，以便更具体地分析不同文化背景下的各项语言内容。

本书从文化领域入手，对英汉语言进行对比与分析。首先，本书具有系统性，层层推进，前面分析文化与语言的基础知识，后面探讨英汉语言的具体差异，遵循了从总到分的原则。其次，本书涵盖内容广泛，包含了英汉语言的多个层面，尤其是第四章至第九章的内容，详细而具体。最后，本书具有新颖性，因为语言差异不仅涉及言语行为的差异，还涉及非言语行为的差异，因此本书第八章对二者进行了具体探讨。总体而言，本书试图通过语言来挖掘英汉文化的特质与精髓，通过本书，作者希望读者能够了解文化与语言相互影响的关系，以期帮助读者在学习英汉语言差异的同时理解英汉文化，从而对英汉民族的交往具有一定的促进作用。

在成书的过程中，作者参阅了大量与英汉语言对比相关的著作与文献，所引用内容的参考文献已在书后详细列出，如有遗漏，敬请谅解。由于作者水平有限，时间仓促，书中难免存在疏漏之处，在此恳请广大专家、学者和读者批评指正。

作　者
2020 年 2 月

目 录

第一章 文化与语言解析 ………………………………… 1
   第一节 什么是文化 ……………………………………… 1
   第二节 什么是语言 ……………………………………… 20
   第三节 文化与语言之间的关系 ………………………… 30

第二章 文化领域下的英汉思维与观念比较研究 ……… 34
   第一节 英汉思维模式比较 ……………………………… 34
   第二节 英汉价值观念比较 ……………………………… 42
   第三节 英汉时空观念比较 ……………………………… 57

第三章 文化领域下的英汉语言比较研究 ……………… 66
   第一节 英汉词汇比较 …………………………………… 66
   第二节 英汉句法比较 …………………………………… 68
   第三节 英汉语篇比较 …………………………………… 71
   第四节 英汉修辞比较 …………………………………… 74

第四章 文化领域下的英汉数字词与颜色词比较研究 … 84
   第一节 文化领域下的英汉数字词比较 ………………… 84
   第二节 文化领域下的英汉颜色词比较 ………………… 96

第五章 文化领域下的英汉动物词与植物词比较研究 … 111
   第一节 文化领域下的英汉动物词比较 ………………… 111
   第二节 文化领域下的英汉植物词比较 ………………… 126

第六章 文化领域下的英汉人名、地名与方位词比较研究 … 137
   第一节 文化领域下的英汉人名比较 …………………… 137
   第二节 文化领域下的英汉地名比较 …………………… 145

第三节　文化领域下的英汉方位词比较…………… 151
第七章　文化领域下的英汉修辞层面的语言比较研究…… 162
　　第一节　文化领域下的英汉习语比较…………… 162
　　第二节　文化领域下的英汉典故比较…………… 171
　　第三节　文化领域下的英汉禁忌语比较………… 176
　　第四节　文化领域下的英汉委婉语比较………… 180
第八章　文化领域下的英汉交际行为比较研究………… 188
　　第一节　文化领域下的言语交际行为比较……… 188
　　第二节　文化领域下的非言语交际行为比较…… 208
第九章　文化领域下的英汉民俗比较研究……………… 219
　　第一节　文化领域下的英汉节日比较…………… 219
　　第二节　文化领域下的英汉饮食比较…………… 225
　　第三节　文化领域下的英汉服饰比较…………… 232
　　第四节　文化领域下的英汉建筑比较…………… 241
参考文献……………………………………………………… 252

第一章 文化与语言解析

众所周知,语言与文化有着密切的关系,二者相互影响、相互制约,从而共同发展。因此,从文化视角对语言进行研究是正确的,也是非常有意义的。文化对人们生活的各个层面有着重要的作用,如果将文化看成一个巨大的系统,那么语言就是这一系统中的子系统,是文化系统的一个重要组成成分。当然,在文化这一系统中,语言也具有相对的独立性。本章作为开篇第一章,主要对文化与语言的基础知识展开探讨,并基于此论述二者的关系。

第一节 什么是文化

无论是在历史上还是在现代社会中,人们所说的社会都是全球社会,每一种文化都是将宇宙万物囊括在内的体系,并且将宇宙万物纳入各自的文化版图之中。总体上说,文化涉及人与社会的关系、人的存在方式等层面,但是其也包含一些具体的内容。下面就来具体论述什么是文化。

一、文化的定义

对于普通人来说,文化是一种平时都可以使用到、却不知道的客观存在。对于研究者来说,文化是一种容易被感知到、却不容易把握的概念。

对于文化的定义,最早可以追溯到学者爱德华·泰勒(Edward Burnett Tylor,1871),他这样说道:"文化或者文明,是从广泛的民族学意义来说的,可以归结为一个复合整体,其中包含艺术、知识、法律、习俗等,还包括一个社会成员所习得的一切习惯或能力。"之后,西方学者对文化的界定都是基于这一定义而来的。

1963年,人类学家艾尔弗雷德·克洛伊伯(Alfred Kroeber)对一些学者所提出的文化定义进行总结与整理,提出了一个较为全面的定义,如下所述。

(1)文化是由内隐与外显行为模式组成的。

(2)文化的核心是传统的概念与这些概念所带的价值。

(3)文化表现了人类群体的显著成就。

(4)文化体系不仅是行为的产物,还决定了进一步的行为。

这一定义确定了文化符号的传播手段,并着重强调文化不仅是人类行为的产物,还对人类行为的因素起着决定性作用。同时,其还明确了文化作为价值观的巨大意义,是对泰勒定义的延伸与拓展。

在文化领域下,本书作者认为文化的定义可以等同于2001年联合国教科文组织发表的《世界文化多样性宣言》中的定义:文化是某个社会、社会群体特有的,集物质、精神、情感等为一体的综合,其不仅涉及文学、艺术,还涉及生活准则、生活方式、传统、价值观等。

进入20世纪90年代之后,很多学者也对文化进行了界定,这里归结为两种:一种是社会结构层面上的文化,指一个社会中起着普遍、长期意义的行为模式与准则;一种是个体行为层面上的文化,指的是对个人习得产生影响的规则。

这些定义都表明了:文化不仅反映的是社会存在,其本身就是一种行为、价值观、社会方式等的解释与整合,是人与自然、社会、自身关系的呈现。

二、文化的发展

(一)中国文化的发展

中国是历史悠久、文明开化最早的国家之一。中国文化与西方文化共同为人类文明进步做出了突出贡献。

1. 秦汉到明代的文化

中华民族有着发达的农业和手工业,直到16—17世纪,中国文化依然走在世界前列。秦汉到明代中叶,文化发展的标志性事件主要包括张骞出使西域、宋元时期四大发明的西传、马可·波罗游记的诞生、郑和下西洋等。

张骞出使西域。张骞出使西域标志着中国大规模地向外派遣政治使节的开始。公元前139年,为了对付日益强大的匈奴部落的侵犯,汉武帝采取了正面进攻与联合其他受匈奴压迫的部落共同行动的战略。张骞出使西域就是这种战略之下的一个布局。在出使的13年里,张骞经历了战乱流离、扣留软禁、奴役劳作、情感诱惑等各种情况,了解了西域的政治、经济、地理、风俗等。这次出使虽然没有达到联合其他民族的目的,但是为中西文化交流打开了一个通道。自此,西域与汉朝的贸易、文化往来日趋活跃,汉朝的丝绸通过西域运往更远的地方,因此形成了著名的"丝绸之路"。

宋元时期四大发明的西传。宋元时期四大发明是借助阿拉伯人传入西方的。四大发明的西传直接促进了欧洲文艺复兴运动的出现。以四大发明为代表的中国先进文化的西传,催生了西方资产阶级以及西方文化的近代化。

马可·波罗游记的诞生。中国在元朝时期不断进行海外扩张,出于政治或宗教的目的,西方也不断派遣使节来华,一些欧洲商人也频繁来到中国经商。1275年,马可·波罗一家受罗马教廷委托,送信函给元朝皇帝忽必烈。这一送,倒是把他留在了中国,他在中国度过了17个年头。他到处游历,包括中国和其他国家,并撰写了震撼欧洲的《马可·波罗游记》一书。该书肯定了中国元朝发达的物质文明和精神文明,激起了欧洲探索中华民族的欲望。

郑和下西洋。明初,明成祖朱棣实行对外开放的政策,海上丝绸之路十分繁荣。原内宫太监郑和连续七次统率百艘巨舰以及众多官兵，渡过南洋、印度洋，到达红海，历经东南亚、南亚、西亚、东非的多个国家和地区，与所到国家和地区进行经济文化交流，主要是输出中国先进的物质文化、制度文化和精神文化。

2. 明代中叶到晚清的文化

明朝万历年间，以利玛窦为代表的传教士对西方文化在中国的传播做出了很大贡献，以徐光启为代表的中国知识分子对中国文化在西方的传播也做出了很大贡献，他们对中西方文化的融汇都做出了有益的尝试。从明代中叶到晚清，传教士是中西方文化交流的重要媒介之一，但是传教士所传来的"西学"也有自己的局限性，它只是中世纪封建教会的神学和经院哲学。

明朝国力下降，又实行长达百年的封闭政策，政治混乱，土地赋税沉重，平民百姓生活艰苦，由此引发了严重的社会危机。在这种形势下，一些知识分子就开始反思，开始倡导"经世致用"的求实精神，这也为西方新观念进入中国打开了一扇门。此时的西方世界在吸收了东方的先进文化之后，在资本主义生产关系和生产力方面表现出了强大的生命力，并开始迫切寻求海外市场。

但是，尚未进行工业革命的西方，生产力还不够发达，对文明程度较高的中国贸然采取行动也无法轻易取胜，于是就派遣传教士深入中国，了解中国，试探中国，而不是一开始就武力相加。所以，传教士可谓中西方文化和平交流的主要使者。

意大利人利玛窦是西方传教士中的成功典范。他从1597年开始常驻北京，他非常熟悉中国传统文化，制定了天主教儒学化和科学传教的方针。他为了融入中国社会，主动中国化，用知识和文化打动中国的士大夫，进而在这样一个古老而专制的社会里传播自己的信仰和文化。不同的文化在接触的过程中，必然产生冲突，区别在于冲突的严重程度如何。在传教之初，由于范围的限制和理智的政策，冲突并没显现出来。但是，随着天主教势力的增强，天主教的礼仪和中国传统礼仪的矛盾便显露了出来，文化冲突由此显现,主要表现为教案的连续发生。可见,两种不同的历史文化在交流的过程中不可狂妄自大,而是要不断思考怎样才能融会贯通、消化吸收。在这次文化交流中,文化融合是主流,文化冲突是支流。

3. 近代中国文化

在鸦片战争时期,中国文化已经变得腐朽,而西方的现代文化已经发展得很成熟了。西方对中国的态度由爱慕变为侵略,清王朝的闭关锁国也无法真正阻止西方文化的入侵。当中国与外界隔绝的状态被暴力打破的时候,解体是之后必然会发生的事情。

中国经历了前所未有的历史大变局,这一祸根归因于中国人的心态与实际角色脱节一千多年而不自知,中国人不能积极面对外来文化的挑战。鸦片战争后,经历了丧权辱国之痛的中国先进知识分子,积极学习西方先进的科技和文化,以洋务运动、辛亥革命、五四新文化运动为代表,并不断探索。

洋务运动。以林则徐为代表的先进人士首先提出向西方学习,发起了旨在自强自救的洋务运动。洋务运动的指导思想是用西方的科学来巩固封建制度。洋务运动经历了 30 个年头,在军事、工业、工矿业及交通运输等领域积极向西方学习,创立了中国近代海军。但是,洋务运动的局限性也是很明显的,即引进的基本只是物质文明。

辛亥革命。甲午中日战争的失败说明,洋务运动只引进物质文明,无法从根本上挽救民族危机。于是,有了以康有为和梁启超为代表的维新变法运动,有了辛亥革命。虽然两者最终以失败告终,但是其标志着中国有识之士对西方文明的认识已经达到中间的制度层面。

五四新文化运动。第一次世界大战后,面对西方国家对于中国的不平等待遇,中国知识分子掀起了五四反帝爱国运动,中国开始了由旧文化向新文化的转型。新文化运动倡导民主和科学,标志着中国人对西方现代文明的理解已经达到了思想文化的深层结构。与此同时,马克思主义开始在中国广泛传播,它在本质上是中西方文化交流的产物。在马克思主义与中国工人运动相结合的基础上,中国共产党诞生了,预示了中国文化必定独辟蹊径,走出一条不同凡响的道路。

通过以上简要回顾中国文化的发展变迁可以看出,文化作为上层建筑,自始至终受到经济基础的制约。近代之前,由于距离的遥远和科技、生产力的落后,世界各地之间的文化交流非常有限。张骞出使西域、甘英出使大秦、四大发明西传、郑和下西洋等,都是在国家强大的经济实力保障下进行的。到了近代,科技、通信、经济的发展,促使了文化大规模的发展。

根据虚实平衡法则,先进的文化总是向后进的文化输出;根据互通有无法则,后进的文化总是向先进的文化模仿。文化的交流是双向的,但时而平衡,时而不平衡。发展层次高的文化总是居于优势与主流,处于相对主动的地位,另一方则处于相对被动的地位。在两种文化的交锋中,弱势文化必然向强势文化靠拢,但这种靠拢要经历一个由浅入深、由表及里的过程。

任何文化交流在初始阶段,大抵都是非常浮面的接触,之后进一步的发展正是建立在这些初步尝试的基础之上的。文化的相遇和交流没有快捷的方式,需要耐心、虚心与灵活度。文化的闭关自守是行不通的。文化隔离虽然在一定历史时期中巩固了文化的特质,但文化隔离在总体上毕竟是与整个人类文化发展相背离的,也无法使民族文化永葆生机与活力。

任何民族的精神思想都需要外来的刺激和启发,单靠在固有文化圈内进行自我改进是不能持久的。吸收外来文化先进的、适合自己的东西,文化就会蓬勃兴起;而不与外界进行交流,只在自己领地内近亲繁殖,文化就会逐渐衰弱。文化交流的主动性越强,文化复兴的可能性就越大;如不主动进行文化交流,则会趋于边缘化或消亡。

(二)西方的文化发展

1. 古希腊时期的文化

(1)思想文化。古希腊是西方哲学的故土,哲学在当时与其他学科交织在一起,被称为"统摄群学"的学问,苏格拉底、柏拉图、亚里士多德被称为哲学"三圣"。柏拉图把哲学分为辩证学、法学、物理学、伦理学等门类,亚里士多德则将哲学扩大到几乎包括讨论宇宙和人生的所有学问,因此当时的哲学家也是自然科学家或其他学问专家。

从公元前6世纪到前4世纪的希腊城邦,哲学被分为两个阶段,前期称为"自然哲学"时期,哲学家所探讨的主要问题是本体论问题,即宇宙本原问题,讨论了万物的起源或生成问题。后期称为人文哲学时期,此时的哲学研究已从自然哲学转向了人的哲学,由对自然的认识转到了对人本身的认识。

古希腊哲学是在神话思维的基础上诞生的,是人类理性发展的产物,是在以理性代替了幻想,以智慧代替了想象,以经验的事实作为探索和解释的基础而产生的。被称为"欧洲哲学之父"的泰勒斯是米利都哲学学派的创始人,他早年曾游历过埃及和巴比伦,学习过几何学和天文学,经过多方面的科学活动,他认为,万物的始基或本源源于水,万物生于水,又复归于水。这反映了古希腊人对海洋的尊重,把水作为万物的创造者,标志着哲学已摆脱了宗教神话。爱菲斯学派代表哲学家赫拉克利特继承了米利都学派的思想主张,认为运动是世界的普遍原则,水则是生命的本源,提出"我们不能两次同时踏进同一条河""太阳啊,每天都是新的,永远不灭的更新",从而指出万物流动的自然规律。

苏格拉底是古希腊人文哲学的鼻祖,他把哲学研究的对象直接指向人本身,他认为哲学是对人与社会的探讨,目的在于"认识自己"。他是西方思想史上第一个要求哲学应以"自我认识"作为开始的人。在知识论方面,他提出"美德就是知识",而知识的对象是"善","善就是自知和自律",要求人要有自知之明和自我克制,强调了知识和行为的联系,从某种意义上讲,他是西方认识论和伦理学的奠基人。在论辩法上他善于在辩论中揭露对方的矛盾,通过提问,把辩论引导到他所要达到的目标上,后人把此种方法称为"苏格拉底反诘法"。苏格拉底常在雅典街头就人应具有的品格问题及真善美问题与人辩论。

柏拉图是苏格拉底的学生,曾在雅典郊外开办"学园",流传至今的有 30 篇列话,经常被人引用的有《辩评篇》《法律篇》《理想国》等。柏拉图所创立的"理念论哲学"对西方的思想史和哲学史都产生了巨大影响。他认为,理性世界与感性世界是对立的,感性的具体事物不是真实的存在,在感性世界之外,有一个永恒不变的、独立的、真实存在的理念世界,要获得理念,必须通过辩证思维,通过理念而达到理念,逐步上升为绝对理念,这是宇宙最高和终极的目的。除了理性,他又提出了意志和感情两重概念,还提出了三种美德论,三种美德指智慧、勇敢、节制,智慧是理性引导的结果,凭借意志坚持理性,就会产生勇敢,而理性控制感情就是节制,有了这三种美德后,才会有第四种美德,就是正义。

在艺术方面,他认为艺术家的创作是模仿个别事物的。艺术作品是"摹本"的"摹本",与理念隔了两层,因此艺术不可能表现出真正的美,真正的美是艺术无法表达的,美属于哲学,艺术的美不过是美的影子而已。

柏拉图认为自然和人之外,存在着高居其上的"理念",这一观点对后来的神学影响很大。柏拉图的理念论引导人们不满足于感官的认识而去探究真理的精神,无疑会鼓励人们探求宇宙、探求自然,进而探求人的本身。

亚里士多德是柏拉图的学生,曾任亚历山大大帝年轻时的教师,他否认柏拉图的"理念论",认为离开个别事物的理念根本是不存在的,真正的知识存在于客观事物中。

亚里士多德是古希腊文化的集大成者,他在哲学、政治学、伦理学、逻辑学、动物学、天文学、物理学、诗学、修辞学诸多方面都有开创与建树,其著作有万种之多,他完成了希腊哲学的系统化,提出科学分类的思想,还提出了有名的"二段论",为逻辑学的发展打下了基础。他的《修辞学》《诗学》奠定了西方文艺理论的基础,他的《理想国》则描述了一幅理想的国家范式。

在哲学上,他最大的贡献是提出了一切事物都是"质料"和"形式"构成的"二元论"的理论,他认为事物皆由质料和形式二者构成,如一尊大理石像,质料是大理石,形式是阿波罗形象,二者是不可分割的,而形式要比质料重要得多。因为是形式使质料变为现有的事物,没有阿波罗这一形式,大理石就不可能成为大理石雕像,但质料和形式二者谁是本源的问题,亚里士多德没有解答。

(2)科学、艺术、历史学、技术。古希腊科学技术的成就是多方面的,数学家欧几里得在《几何原本》一书中,将各种定理、命题按照逻辑关系清晰地表达出来,成为近代几何学的奠基人。著名数学家阿基米德发现宇宙定理,论证并发展了机械学的基本原理,特别是杠杆原理,成为力学与流体力学的创始人。天文学家埃拉托斯特尼,根据大地是球形的原理,计算得出地球周长为39 600公里,与实际长度40 008公里的数值相差不大,毕达哥拉斯在数学上提出著名的勾股定理。值得指出的是,古希腊科学家在探讨自然现象时注意深入事物的内部探究本质上的东西,尤其重视理论上的探讨,使哲学与科学相映成趣。

古希腊在文学艺术、历史学诸方面都取得了空前的成就,出现了希腊神话和三大悲剧作家:埃斯库罗斯、索福克勒斯、欧里庇得斯,创作出了人类历史上早期的悲剧作品,奠定了西方悲剧文化的基础。历史学方面则出现了希罗多德、修昔底德、色诺芬三大历史学家。

2. 古罗马时期的文化

古罗马文化是古希腊文化的继承和发展,古罗马文化继承了古希腊文化的特质,在哲学、文学、戏剧、文字、雕塑诸方面都保留了古希腊文化的遗风。

古罗马人使用的拉丁字母是世界上广为流行的字母体系,这已是不争的事实。拉丁字母是在继承希腊字母简单、美观、匀称、便于书写和阅读的优点上发展起来的。15世纪的意大利,在书写上出现了"人文主义体",即大写体,另外还有一种草写体,后来分别衍生出用于印刷的楷体与手写的斜体这两种字体。

在哲学上,古罗马的流派众多,影响较大的有"新斯多葛学派"——斯多葛学派是由希腊人芝诺创立,这一学派认为,人生追求的是美德而不是快乐,人需要始终和自然保持一种和谐,要抑制一切欲望,舍弃人生的乐趣,听从命运的安排,方能达到美德的境界。这个学派还提出了较系统的"自然法"理论,认为"自然法"是正义与理性的体现,是任何一个人及国家都必须遵守的法则,由于文明人和野蛮人都具有自然法赋予的理性,因此人本来就是平等的,人们要消除对立和差别,所有人都能具有理性,成为一个社会共同体,这才是自然法要求的精神。社会应该是"世界国家",自然法应该是"世界法律"。显然,斯多葛学派不仅要求人们逆来顺受、安分守己,而且还要求消除所有的矛盾和对立,以实现世界国家的理想,这一理论反映了奴隶主贵族的愿望和要求。

古罗马流行的新斯多葛哲学,继承了古希腊学派的衣钵,坚持传统道德上的宿命论,要求人们完全听从于命运的安排,其代表人物塞涅卡认为,人不过是肉体的囚犯,要获得幸福,就要抛弃肉体的欲望,而人活着的一个重要使命,就是不断和自己的肉体做斗争。该学派另一代表人物爱比克泰德对命运问题做了进一步论证,他认为人的尊卑贵贱都是与生俱来的,每个人都要具备"忍耐""克制"的信念,遵守社会秩序。斯多葛学派的理论被后来的基督教神学理论进行了吸纳。

在文学艺术创作方面,古罗马人在向古希腊人学习的基础上,在诗歌、散文、戏剧、人物传记诸方面都取得了辉煌的成就。散文方面,西塞罗的演说词和书信类散文,辞藻华美,词义生动,妙语连珠,并且结构谨严,逻辑性强,具有很强的论辩性和说服力,被称为"西塞罗文体"。著名诗人维吉尔的《牧歌》歌颂了意大利的田园风光,表达了对生活的向往。另外,诗人贺拉斯、奥维德都创作了许多杰出的作品,戏剧方面出现普劳图斯、泰伦斯两位戏剧艺术大师。在建筑上,罗马人继承了希腊人的美学传统,修建了大型的公共浴场,还建造了造型雄伟的凯旋门、记功柱等。

古罗马文化扬弃了古希腊文化中的消极成分,在文化观念上,古希腊王公贵族的挥霍无度、醉生梦死、骄奢淫逸、浮华奢靡等风气,在一定时期、一定程度上被古罗马文化所否定。

3. 文艺复兴时期的文化

文艺复兴的核心是人文主义运动,就其实质来看,人文主义是以"个体本位"为基础的资产阶级个人主义思潮,这一思潮的核心是人本观,显示以个人为中心的鲜明特征。正是借助这种新的价值观,人文主义思潮逐渐向整个思想文化领域渗透,形成文艺复兴这一新的文化运动。

欧洲社会经济的演变是决定文艺复兴形成和发展的重要因素。14世纪初,由于生产技术的进步和生产力的提高,资本主义因素开始发育;15世纪末,随着地理大发现以及世界市场的形成,资本主义的发展受到进一步刺激。但是,当时占统治地位的封建制生产关系却严重阻碍了资本主义前进的步伐,在这种情况下,资产阶级发起反封建的思想文化运动就成为必然。

人文主义思潮最早出现于意大利,这绝不是偶然的。随着意大利北部城市资本主义萌芽的生成,市民、农奴逐渐摆脱了封建依附体制的束缚,走出中世纪小生产的天地,投身于商品经济的大潮。在商品生产中,自由竞争和等价交换使人们的思想观念发生了质的变化,人们由"群体本位"的人身依附渐渐培植起"个体本位"的独立意识,为人文主义思潮的勃兴提供了深厚的社会思想土壤。

资本主义的萌芽形成了早期的资产阶级,他们拥有了经济权,进而也取得了政治上的权力,为了获取更多的利润,他们关心生产,改进技术,开辟新商道,扩大国内外市场。登上政治舞台后,这些人不同程度地参与了政治,从不同的角度提出了反对宗教束缚、反对经院哲学的新主张。

人文主义的思潮伴随着资本主义萌芽的发育,首先出现在意大利北部的三个城市:威尼斯、热那亚、佛罗伦萨。这些城市已成为当时的工商业中心。城市的发达改变了人们的生活方式,使人们的价值观发生了很大的变化,人们开始主动追求财富、自由、民主,因此城市的发展一方面打破了封建的生产关系,另一方面,新生资产阶级与此相应提出了新的生活欲望和新的生活要求。文艺复兴开始之际,意大利尚处在四分五裂中,城市之间的冲突、城市内部争权夺利的斗争、外敌的入侵、罗马教廷的干预,使整个城市动荡不安,城市居民企盼和平、希望安定就成为必然,封建军队的首领利用当时的形势和人们的情绪,在各个城市建立起了封建独裁政权,以维持现有的社会秩序。这些专制君主上台后,纷纷招揽与重用那些熟悉古典文化、多才多艺的人文学者,让其充当政治顾问、文学侍讲、家庭教师、宫廷秘书,以至于外交官及修建教堂的总监等,客观上形成了尊重知识、尊重人才的风气,为人文主义的思想文化传播、创造提供了有利的条件与环境,有力地促进了文艺复兴的酝酿和发展,对文艺复兴运动的兴起起到了不可替代的作用。最初的学校是由教会控制,但随着资本主义的萌芽,为适应人们对知识和科学的渴求,大学教育发展较为迅速。到了14世纪,意大利已有18所大学,"大学是科学家的摇篮",文艺复兴时期的许多人文学者都受到了大学教育,这时的大学设置了人文学科,传播世俗文化,以人和自然为研究对象,讲授学术、哲学、语言、文学等,促进了人文主义思想的形成和发展。

意大利有着深厚的文化底蕴,传统文化在推动意大利文艺复兴中也发挥了重要作用。丰富的文化典籍,图书院大量的藏书,使人文主义者在搜集研究古典文献中找到了自由、平等、民主等思想理论依据,并以此来抵制封建等级制度和教会的蒙昧及禁欲主义,用古罗马的统一所营造的辉煌来针砭意大利的四分五裂。

人文主义的思想文化成就是多方面的,文艺复兴最初是从文学上开始的。意大利出现了三位人文主义的主要代表：但丁、彼得拉克、薄伽丘，他们被称为文艺复兴三杰，是西方近代文化的先驱者。

最能代表法国文艺复兴精神的是小说家拉伯雷和散文家蒙田，拉伯雷是法国最著名也是欧洲最享有盛名的人文主义作家之一，他学识渊博，多才多艺，他的五卷本长篇巨著《巨人传》，通过巨人国王卡冈都亚和其子庞大固埃的神奇故事，以夸张手法歌颂人类的智慧和力量，揭露批判了教会及其经院哲学，讽刺了教士的无能，抨击了司法机关的贪污腐败，反映出人民不堪压迫，必然起来反抗的历史趋势。作品的现实主义讽刺艺术对后世的文学创作产生了巨大的影响。

蒙田是法国文艺复兴时期的重要作家，他的《随笔录》是一篇散文作品，也是一部哲学和政治思想著作，该作品的问世标志着散文正式进入文学领域，作品充分表达了对个性、人性的尊重及对整个世界、整个人类的关注。他用怀疑的态度揭露抨击了人与生俱来的弱点和缺点，发掘了人性丑恶的一面，表达了人文主义者对自身人性的评价态度。

西班牙文艺复兴时期代表作家塞万提斯，其不朽名著《堂吉诃德》，表现了西班牙16世纪到17世纪社会政治、经济、道德、文化、风俗的各个方面，广泛反映了西班牙的社会生活，深刻揭露了封建贵族的骄奢淫逸，无情讽刺了骑士制度和骑士文学，对被压迫者的疾苦表现出深切同情，展示了作者的人文主义思想。

"文艺复兴"的文学，但丁开其端，莎士比亚总其大成。莎士比亚是欧洲文艺复兴时期最有成就的戏剧家和诗人，他一生共创作悲剧、喜剧、历史剧37部，还有两首长诗和154首14行诗。他在作品中热情讴歌了人，称人是"宇宙的精华，万物的灵长"，他的戏剧创作多取材于古希腊、古罗马、意大利、英国古代的故事和传说，反映的都是英国的现实，他创造的哈姆雷特、奥赛罗、李尔王、夏洛克、罗密欧与朱丽叶等艺术形象，成为千古不朽的艺术典型，恩格斯称赞"莎士比亚创作的情节体现了生动性和丰富性的完美融合"。

4.近代时期的文化

美国科学家迈克尔逊和莫雷在1887年进行了一次高灵敏度的光学试验,来检验牛顿的"以太"论。牛顿所描写的宇宙是物质的,物质由原子构成,由于"以太"的存在,物质的运动才成为万能,而"以太"是一种独特的透明载体,物质悬在其中,受到宇宙力量的推动,就在"以太"中运动。但试验结果是,"以太"根本就不存在。这一论断促进了爱因斯坦"相对论"的提出,相对论彻底否定了牛顿的理论。

爱因斯坦认为,物质和能不是相同的东西,而是处于不同状态下的两种形式,两者可以相互转化。能与物质的质量有关,一个小的物体,也可以释放出巨大的能量,只有运动是永恒的,物体的运动接近光的速度时,物体就缩小了。这表明,空间可以在运动中扩大或缩小,光本身也有质量,有质量就要受到重力的影响,因此遥远星球上的光线,通过太阳重力场时必然偏斜,试验确系如此。

爱因斯坦的相对论彻底推翻了牛顿定律,它告诉世人,宇宙中没有绝对的规律,宇宙是无限的。爱因斯坦的时空规律虽然对人文学科造成极大影响,但他依然没有指出人类社会的存在和人类思维的关系。

奥地利精神分析学家弗洛伊德创立了精神分析法,这又是一次伟大的革命,他的学说对传统道德造成了极大的冲击,鼓励人们向传统的世俗思想进行挑战,精神分析法对公众的影响远远超过爱因斯坦的相对论。

弗洛伊德学说集中在他的《释梦》《日常生活心理病理学》等著作中。19世纪以前的思想家和社会学家都把人看成理性的、有意识的,人们的思想和行为都受着外界力量的支配。弗洛伊德在看到人的理性一面的同时,看到了人也是非理性的和具有潜意识的,潜意识受到内部力量的驱使,人时刻面临着不断的挑战,社会需要人把本能的冲动转化为思想,变为社会能接受的"超我",当转变失败时,就会导致精神病,潜意识中最有动力的则是性冲动。这样弗洛伊德就揭示了人类心中潜意识的奥秘,这一发现对建立在理性基础上的资产阶级的政治、经济、社会伦理等观念无疑是一个沉重打击,引发了20世纪人类思想的大解放。

三、文化的分类

(一)常规分类方法

1. 二分法

文化和交际总是被放到一起来讨论,文化在交际中有着无可替代的作用,并对交际的影响最大,因此有学者将文化分为交际文化和知识文化。

那些对跨文化交际直接起作用的文化信息就是交际文化,而那些对跨文化交际没有直接作用的文化就是知识文化,包括文化实物、艺术品、文物古迹等物质形式的文化。

学者们常常将关注点放在交际文化上,而对知识文化进行的研究较少。交际文化又分为外显交际文化和内隐交际文化。外显交际文化主要是关于衣、食、住、行的文化,是表现出来的;内隐交际文化是关于思维和价值观的文化,不易察觉。

2. 三分法

三分法是将文化分为物质文化、制度文化和精神文化的分类方法。

人从出生开始就离不开物质的支撑,物质是满足人类基本生存需要的必需品。物质文化就是人类在社会实践中创造的有关文化的物质产品。物质文化是用来满足人类的生存需要的,只是为了让人类更好地在当前的环境中生存下去,是文化的基础部分。

人是高级动物,会在生存的环境中通过合作和竞争来建立一个社会组织,这也是人与动物有区别的一个地方。人类创建制度,归根到底还是为自己服务的,但也对自己有所约束。一个社会必然有着与社会性质相适应的制度,制度包含着各种规则、法律等,制度文化就是与此相关的文化。

人与动物的另一个本质区别就是人的思想性。人有大脑,会思考,有意识。精神文化就是有关意识的文化,是一种无形的东西,构成了文化的精神内核。精神文化是人类在认识世界和改造世界的过程中挖掘出的一套思想理论,包括价值观、文学、哲学、道德、伦理、习俗、艺术等,因此也称为"观念文化"。

(二)按照人类学来划分

人类文化相当于一个金字塔,金字塔底部的是大众文化,金字塔中间的是深层文化,金字塔顶部的是高层文化。

大众文化是普通大众在共同的生活环境下共同创造出来的一种生活方式、交际风格等。

深层文化是不外现的,是内隐的,对大众文化有着指导作用,包括思维和价值观等。

高层文化又称"精英文化",它是指相对来说较为高雅的文化内涵,如哲学、历史、文学、艺术等。

(三)按照支配地位来划分

文化一旦产生,就对生活在其中的人有着一定的规范作用和约束力,这是一种约定俗成的力量。一个社会中通常有多种文化,人们最终会按照哪一种文化规范来生活,就要看文化的支配地位了。因此,有人从文化支配地位的视角,将文化分为主文化与亚文化。

所谓主文化,是指在社会上占主导地位的,并被认为应该为人们所普遍接受的文化。主文化在共同体内被认为具有最充分的合理性和合法性。主文化具有三个属性:一是在权力支配关系中占主导地位,得到了权利的捍卫;二是在文化整体中是主要元素,这是在社会的更迭中形成的;三是对某个时期产生主要影响、代表时代主要趋势,这是由时代的思想潮流决定的。

相对应的,亚文化是在社会中占附属地位的文化,它仅为社会上一部分成员所接受,或为某一社会群体所特有。亚文化也有两个属性:一是在文化权力关系中处于从属地位,二是在文化整体中占据次要的部分。虽然亚文化是与主文化相对应的一种文化,但是二者不是竞争和对抗的关系。值得注意的是,当一种亚文化在性质上发展到与主文化对立的时候,它就成了一种反文化。在一定条件下,文化与反文化还可以相互转化。文化不一定是积极的,反文化也不一定是消极的。

(四)按照语用学角度来划分

语用学研究的是语言在一定语境中的具体意义。语境是理解语言的重要元素。因为文化和语言分不开,所以文化和语境也是相互联系的。语言依赖于语境,同样,文化也对语境有一定的依赖。但是,不同的文化对语境的依赖程度是不尽相同的。在不同的文化中,人们通过语境进行交际的方式及依赖程度就存在着差异,而这种差异往往制约着交际的顺利进行。

按照文化对语境依赖程度的不同,可以将文化分为低语境文化和高语境文化。低语境文化是指对语境的依赖程度较低、主要借助语言符号进行交际的文化。高语境文化是指对语境的依赖程度较高、主要借助非语言符号进行交际的文化。西方国家通常是低语境文化,一些亚洲国家通常是高语境文化。

在低语境文化中进行交际时,人们大都是通过符号来传递交际信息的。在高语境的文化中,交际环境和交际者的思维携带着大部分的交际信息。由此可见,语言信息在低语境文化内显得更为重要。他们在进行交际时,要求或期待对方的语言表达要尽可能清晰、明确,否则他们就会因信息模棱两可而产生困惑。在高语境文化中,人们往往认为事实胜于雄辩,沉默也是一种语言。

因此,低语境文化与高语境文化的成员在交际时易发生冲突。

虽然按照不同的视角,文化的分类不同。但是,有一点需要明确,那就是文化无优劣、高下之分。世界相当于一个村落,其中的任何民族和国家都享有平等的权利,其中的成员在人格上都是平等的,不应该因为文化的不同而被区别对待。例如,中国人习惯用筷子,西方人习惯用刀叉,有人说使用筷子有利于人脑发展,也有人说使用刀叉简单。其实,文化不是用来比较和评价的,而是用来促进交际的。

四、文化的特征

(一)主体性

文化是客体的主体化,是主体发挥创造性的外化表现。文化具有主体性的特征主要源于人的主体性。所谓人的主体性,即人作为活动主体、实践主体等的质的规定性。人通过与客体进行交互,才能将其主体性展现出来,从而产生一种自觉性。一般来说,文化的主体性特征主要表现为如下两点。

首先,文化主体不仅具有目的性,还具有工具性。如前所述,由于文化是主体发挥创造性的外化表现,因此其必然会体现文化主体的目的性,只有这样才能促进人的全面发展。另外,文化也是人能够全面发展的工具,如果不存在文化,那么就无从谈及人的全面发展,因此这体现了文化的工具性。

其次,文化主体不仅具有生产性,还具有消费性。人们之所以进行生产,主要是为消费服务的,而人类对文化进行生产与创造,也是为了更好地进行消费。在这一过程中,对文化进行创造属于手段,对文化进行消费属于目的。

(二)实践性

实践是人类对文化进行创造的自觉性、能动性的活动,而文化是人类进行实践的内在图式。简单来说,文化具有实践性特征,具体可以表现为以下两点。

首先,实践对文化起决定性作用。人类展开实践的手段与方式决定着文化的性质。在这些实践手段与方式中,物质生产方式居于基础地位。

其次,文化对实践有促进作用。这是因为实践往往是在某些特定文化中展开的,如果没有文化背景的融入,那么实践就会非常困难。另外,文化对实践的展开有着巨大的指导意义,也正是由于文化的指导,实践才能取得成功。

(三)历史性

文化具有历史性的特征,这是因为其将人类社会生活与价值观的变化过程动态地反映出来。也就是说,文化随着社会进步不断演进,也在不断地扬弃,即对既有文化进行批判、继承与改造。对于某一历史时期来说,这些文化是积极的、先进的,但是随着时代的发展,这些文化又可能失去其积极性、先进性,被先进的文化取代。

例如,汉语中的"拱手"指男子相见时的一种尊重的礼节,该词产生于传统汉民族文化中。然而,随着历史的发展,这一礼节已经不复存在,现代社会常见的礼节是鞠躬、握手等。因此,在当今社会,"拱手"一词已经丧失了之前的意义,而仅作为文学作品中传达某些情感的符号。

(四)社会性

文化具有社会性特征,这主要表现在如下两点。

首先,从自然上来说,文化是人们创造性活动的结果,如贝壳、冰块等自然物品经过雕琢会变成饰品、冰雕等。

其次,从人类行为来说,文化起着重要的规范作用。一个人生长于什么样的环境,其言谈举止就会有什么样的表现。另外,人们可以在文化的轨道中对各种处世规则进行把握,因此可以说人不仅是社会中的人,也是文化中的人。

（五）民族性

文化具有民族性特征。人类学家克利福德·格尔茨（Clifford Geertz）这样说道:"人们的思想、价值、行动,甚至情感,如同他们的神经系统一样,都是文化的产物,即它们确实都是由人们与生俱来的能力、欲望等创造出来的。"

这就是说,文化是特定群体和社会的所有成员共同接受和共享的,一般会以民族形式出现,具体通过一个民族使用共同的语言、遵守共同的风俗习惯,其所有成员具有共同的心理素质和性格体现出来。

第二节 什么是语言

人生活在语言的世界里,语言赋予世界以"意义"。人可以通过语言来完成某些行为,而不必事必躬亲。语言存在于人类具体使用语言的过程中,这一过程就表现为交际行为。简言之,语言是伴随着具体的交际行为出现在我们面前的,语言是完成某种特定行为的语言,只有意识到这一点,人们才能真正意识到语言自身所具有的价值。借助语言,人类构建了一个超出其生存环境的符号世界,正是在这个世界中,人类获得了空前的自由,从而不再受制于环境的束缚。本节就来分析什么是语言。

一、语言的定义

（一）一种交际工具

语言的功能有很多,但是交际功能是其所有功能中最基本的功能,具体可以从如下两个层面来理解。

1. 语言是最重要的交际工具

人类社会中的每个人都生活在一定的客观社会条件中,人与人的交际是社会生活中的重要组成部分。人们往往用语言来交际,但是除了语言,还可以有很多种其他交际方式,如文字、灯光语、旗语、身势语等。文字的工具性主要在于对语言加以记录,是基于语言的一种辅助交际工具,因此其与语言在历时和共时上都不能相比。灯光语、旗语是基于语言与文字而产生的辅助交际工具,因此也不能和语言相比。身势语是流传很广的交际语言,但是受各种条件的限制,往往会产生某些误会,因此也不能和语言相比。

通过上述分析可知,语言是所有交际工具中最重要的交际工具。

2. 语言是人类独有的交际工具

对于语言是交际工具,这在前面已经论述,但是这里所强调的是"人类独有",其可以从两个层面来理解。

(1)动物所谓的"语言"与人类的语言有根本区别

"人有人言,兽有兽语。"动物与动物也存在交际,它们采用的交际方式也有很多,可以是有声的,也可以是无声的。但是,动物与动物之间这些所谓的"语言"与人类的语言是无法比拟的。

首先,人类语言具有社会性、心理性与物理性。社会性是人类语言的根本属性,因为人类的语言是源于人类集体劳动的交际需要。运用语言,人们才能够适应自然、改造自然。相比之下,动物的"语言"只是为了适应自然。

其次,人类的语言具有单位明晰性。人类语言是一种音义结合的词汇系统与语法系统,音、形、义各个要素都可以再分解成明确的单位。相比之下,动物的"语言"是无法分析出来的。

再次,人类语言具有任意性。语言是一种规则系统,人们使用语言对自己的言语加以规范。但是,语言系统本身的语素和词、用什么音对意义加以表达等从本质上说是任意的。相比之下,动物的"语言"在表达情绪和欲望时并无多大区别。

最后,人类语言具有能产性。人类的语言虽然是一套相对固定的系统,各个结构成分是有限的,但是人们能够运用这一有限的成分产生无限的句子,传递出无限的信息。相比之下,动物的"语言"是无法达到这一效果的。

(2)动物学不会人类语言

动物能否学会人类的语言?显然是不能。如果能学会,那就不能说语言是"人类独有"的交际工具了。很多人说,鹦鹉能够模仿人的声音,但是这也不能说它们掌握了人类的语言,因为它们只是模仿,只能学会只言片语。也就是说,这些动物不能像人类一样运用语言产生无限多的句子,也不能写出无限多的文章。因此,语言是动物不可逾越的鸿沟,能否掌握语言,也是人与动物的根本区别之一。

(二)一种符号系统

在人们生活的世界上到处都包含符号的痕迹。例如,马路上的交通信号灯,绿色代表通行,红色代表禁止通行,黄色代表等待。医院里面会张贴禁止吸烟的标志,告诉人们不可以在医院吸烟。在过节时,中国人习惯贴福字,这是为了表达对来年的祝福。天气阴沉代表着要下雨。某处浓烟滚滚可能预示着之前发生过火灾。再如,路上爬行的蚂蚁当碰到其他蚂蚁时会相互触碰触角,以传达哪里有食物;猎人根据动物留下的足迹可以找到哪里出现过猎物等。显然,符号以及符号活动时时刻刻存在。

总体而言,符号一般包含两大类:一类是人类符号活动,一类是动物符号活动。人类符号活动包含语言符号活动与非语言符号活动。非语言符号又包含建筑符号、音乐符号、行为符号、绘画符号等。符号学在学术领域有着广泛的内涵,其将几乎所有学科包含在内,尤其是人文学科,也就是说,它是跨学科研究的一条重要道路。

索绪尔在他的语言学研究中指出,符号在语言学中是非常重要的,并且反复强调符号是语言的本质。语言学属于符号学的一部分,很多人将语言学称为"符号学",也就是与符号相关的科学,即研究人尝试采用一些约定俗成的系统来传达思想时出现的现象。其实,并没有人讲授符号传播的现象,但是这一现象在语言学家的头脑中是存在的,以至于很多学者认为语言学是历史学科的一部分。实际上,语言学什么也不是,它就是符号学。

关于符号学与语言学的关系,学者们所持有的观点大致包含如下几点。

(1)索绪尔、西比奥克等人认为符号学包含语言学。

(2)法国著名的符号学家罗兰·巴尔特等人认为符号学属于语言学的一部分。

(3)有学者指出符号学与语言学是相互独立的并列成分。

(4)法国符号学家吉劳认为符号学与语言学是不相关的。

对于上述观点,支持第一种观点与第三种观点的人更有说服力,他们各自持有自己的观点和意见。实际上,符号学作为一门跨学科的研究手段,它从一定程度上包含了语言学,并赋予语言学一项新的研究手段,而语言学也具备一些自身的特点,这些特点正是符号学中未包含的领域。但是无论如何,我们需要承认的是语言是人类多种符号系统中的一个典型代表,也是人们使用最为广泛的一种。如果我们将语言研究置于符号学研究之中,必然有助于研究语言,从而为语言学的发展奠定基础。

对于人类而言,语言是特有的符号体系,也是人类最为常用的符号体系。从狭义层面来说,语言只是指口头语言与书写文字,但是广义上的语言就包含一些非语言符号,如装饰语言、表情语言等,这些非语言符号也传递着一些思想信息。但是,一般来说,语言更倾向于指代口头语言与书写文字。

语言是将人群共同体作为单位而形成的系统,不同的人群所产生的语言也是不同的,不同的人群会因为不同的生理与文化特征而形成不同的民族,语言的差异也就成了民族与民族差异的一大重要特点。

二、语言的起源与发展

（一）语言的起源

语言学家所掌握的证据已经证明，语言是先有口语而后才有书面语的，但最初的口语又是如何产生和形成的呢？语言的起源是什么？我们知道，在录音机等声音录制工具出现以前，人们只能凭借保存下来的书面资料对语言进行研究，这就直接导致人们无法对书面语出现以前的语言即口语进行研究。因为无据可依，在这一问题上一直存在种种假说，比较常见的主要有神授说、拟声说、拟象说等。

1. 神授说

早期的人类在面对他们无法做出合理解释的种种自然之谜时，往往将其归因于神灵的力量使然。在面对语言起源这一难题时，人们也同样诉诸神灵，认为包括人在内的世间万物都是某种神力的创造，而人的语言理所当然的也是神力的恩赐。

因而，在大多数宗教中都存在某种神力授予人们语言或创造语言的描述。例如，在《旧约·创世纪》中，上帝创造了人类的祖先亚当和各种飞禽走兽，而后将这些动物带到亚当面前由他命名；在中国古代神话中有女娲造人、仓颉造字的传说；在埃及，人们认为语言是由纳布(Nabu)神创造的等。

2. 拟声说

相对立的另一种假说则认为语言的开端始于"自然之声"。按照声源的不同，语言学家分别提出了三种不同的理论。

第一种是"汪汪理论"，即早期的人类通过模仿周围自然界的声音形成最初的语言，这一假说为语言中存在的拟声词如cuckoo, hiss, rattle 等提供了解释。

第二种是"呸呸理论"，该理论认为最初的语言源于人类在感受到疼痛、愤怒、快乐等情感时发出的声音,如"Ouch!""Ah!""Hey!"等感叹词。

第三种理论则被称作"唷嗨嗬理论",这种理论认为,人类在参与某项集体劳作时,为了保持动作的协调一致而发出的有节奏的号子声被认为是语言的起源。

以上三种理论都在一定程度上揭示了语言中存在的音义对应关系,如 cuckoo 一词就是人类通过模仿布谷鸟的叫声来指代"布谷鸟"这一事物,而人们在感受到疼痛时自然而然发出的 ouch 声,也被用来指代"疼痛"的感觉。虽然这些理论都具有一定的解释力,但毕竟语言中的拟声词以及感叹词数量有限,因此拟声说具有极大的局限性。

3. 拟象说

拟象说不同于拟声说,它将语言的起源归因于对自然物象而非声音的模拟。其中一种观点认为,人类最初是借助一系列的身体语言(如手势、面部表情等)来进行沟通的,逐渐地,舌头、嘴唇等发音器官模拟那些肢体表意动作并发出声音,从而产生了真正的语言。换言之,口腔发音动作是对身体语言的复制,因此被称作口腔手势说。但是,我们很难想象一个人在发音时其口腔动作会与其身体语言有什么相似之处,因而该理论听起来有些古怪。

另一种观点则提倡口型拟象说,认为语言是人类对所目击或想象的普遍意义上的物象的模拟。陈澧在《东塾读书记·小学》中讲道:"盖天下事物之象,人目见之则心有意,意欲达之则口有声。意者,象乎事物而构之者也;声者,象乎意而宣之者也。……如'大'字之声大,'小'字之声小,'长'字之声长,'短'字之声短。"

(二)语言的发展

人类对于语言现象的兴趣和研究可谓历史悠久。古希腊的哲学家就已经提出了"逻各斯"的概念,它代表人的话语表达和事物名称规律,是公认的尺度,是人类一切智慧的来源。崇尚"逻各斯"即是崇尚人类的智慧和理性规律,人类的语言是理性智慧的表现,虽然它有个体性,但是又具有普遍的规律。

"逻各斯"的提出,是人类对于语言、思维和现实这个根本哲学问题的最初解释,是一种朴素、直观和感性的分析。柏拉图和亚里士多德沿着赫拉克利特的"逻各斯"继续对语言进行了初步的分析,人类对语言的研究逐步走向理性客观的逻辑性分析。

古希腊的哲学家们对语言的本质有着不同的看法,并进行了一场持续了几个世纪的论争,一派认为,语言是自然的产物,人们对语言的发展无能为力,另一派认为,语言受惯例支配,是约定俗成的,人类可以改变它。亚里士多德是古希腊最著名的哲学家和思想家,他的著作中有很多地方都讨论了语言的问题,他的语言观属于"惯例派",认为语言形成于惯例,语言的词汇和意义之间没有必然的联系,都是人为的、任意的,同时不同种族的人们虽然使用不同的语言,但是人类的思想是一样的,不同的语言是相同思想的不同标记。

亚里士多德的反对者中有一派盛行一时,那就是"斯多葛派",他们属于前一派,即"自然派",认为一切词语都天然地代表着他们所指称的东西,他们对于词源的研究很感兴趣,同时还提出了语言的符号象征和符号意义,后来的现代语言学奠基人索绪尔进一步发展了这一观点。

古罗马时期,语言学的发展在古希腊的基础上继续向前,其中最著名的语法学家瓦罗(Marcus Varro)受"斯多葛派"影响较大。他把语言研究分为三大部分:词源学、形态学和句法学,提出了派生构词法和曲折构词法,还区分了时态(过去、现在和将来)与体态(完成和未完成),并且分析了主动和被动两种语态。到了中世纪,欧洲的科学文化加速发展,语言研究也更加深入,除了拉丁语之外,其他语言的语法论著也相继问世。经院哲学影响下的思辨语法成为这一时期的代表,他们开始较多地探讨句法和词类的基本功能,句法理论得到了新的发展。

文艺复兴时期,新兴的资产阶级反对封建的神学,宣扬人文主义精神,在语言学方面也大大拓宽了研究范围,开始探讨欧洲当时使用的一切语言,如希伯来语和阿拉伯语,这就打破了由古希腊语和拉丁语统治语言学的局面,语言学的发展步入了一个崭新的时代。许多欧洲语言的第一部语言著作相继问世,各种词典也相继诞生。到了19世纪,随着科学技术的巨大发展和社会的巨大变革,人类对语言的研究受到哲学和自然科学的深刻影响,人们通过对多种语言的研究积累,发现了大量的语言现象证明语言之间有亲属关系,在这一时期,语言学家们逐渐为全世界的语言划分了较为清晰的"谱系",出现了历史语言学和比较语言学两大流派。19世纪出现了几位著名的语言学家,如洪堡特、施莱歇等,他们搜集了丰富的语言资料,进行了广泛的调查和比较,创造出科学的分析方法,为后来的结构主义和描写语言学奠定了基础。

经过几千年的积累和沉淀,19世纪末和20世纪初终于迎来了现代语言学的开端。索绪尔的学生根据他的讲稿整理成的《普通语言学教程》标志着现代语言学的开端,索绪尔无疑是这个时期最伟大的语言学家,他是结构主义的创始人,他的思想或多或少都对20世纪的各个语言学流派有所影响。索绪尔区分了几个主要的语言学概念,如语言与言语、共时语言学与历时语言学,同时他还是符号学的创始人,在《普通语言学教程》中,他提出了"语言是一个符号系统"的概念,认为符号学研究对语言学至关重要。总之,索绪尔为他以后的语言学派指明了研究的方向和道路,为现代语言学的发展指出了总的方向。

在索绪尔之后,出现了布拉格学派、哥本哈根学派和美国的结构主义学派三个结构主义学派,他们同时出现在20世纪的二三十年代,其中布拉格学派最大的贡献就是建立了音位学,他们也强调语言的交际功能,又常被称作功能语法学派,他们对于语言学的影响巨大。哥本哈根学派的代表人物是丹麦语言学家叶姆斯列夫,他的理论又称为"语符学"和"新索绪尔语言学"。

美国语言学的研究起步较晚,但是发展迅猛,出现了众多著名语言学家,其中美国语言学的创始人博厄斯开创了考察和描写语言的方法,奠定了美国的描写主义语言学的基础,并影响了几代语言学家。萨丕尔和沃尔夫在研究中提出了著名的"萨丕尔-沃尔夫假说",指出语言形式决定着语言使用者对世界的看法,语言怎样描写世界,我们就怎样观察世界,语言不同,各民族对世界的描述也不同。他们的假说虽然是一个推测,但是使人们意识到了语言与思维和文化之间的关系,促使更多的人去关注文化对语言的影响,以及语言对思维的影响。

美国结构主义语言学的奠基人布龙菲尔德的《语言论》成为当时所有语言研究者的课本。他的学说广泛应用于语言教学,并取得了良好的效果。他认为学外语就要大量地操练,不断重复,运用情景和实物进行教学,反对教条的语法分析。结构主义语言学指导下的听说法在美国外语教学方面取得了良好的效果,他们的教学法从此得到广泛的传播和应用。乔姆斯基的转换生成语法成为当前最有影响的语法理论。他从观察儿童习得母语的过程分析中得出观点:儿童的大脑里天生具有构成适当的语言形式的设计能力,即普遍语法。他区分了语言能力和语言运用以及深层结构和表层结构等语言现象。

在英国,伦敦学派对语言的研究很有代表性,其中最著名的就是韩礼德的系统-功能语法。他继承了以弗斯为首的伦敦学派的基本理论,并吸收了布拉格学派、哥本哈根学派和沃尔夫的某些观点。目前已经形成了一支强大的、系统的语言学家队伍。系统语言学重视语言在社会学上的特征,重视语言的社会功能。

从整体上来看,如今,不仅纯自然语言得到了空前发展,人类还利用自己的聪明才智,根据自然语言符号的特点,发明出了各式各样的人工语言,运用在各门科学研究中,如运用广泛的计算机语言就是人工语言的典型代表。语言这种古老的、自然形成的现象在社会中的作用越来越大。

语言是人类特有的符号体系,是人们最为常用的一种符号。狭义的语言只指人们的口头言语和书写的文字,而广义的语言还包含着所谓的表情语言、形体语言、装饰语言等,它们都是传递人的思想信息的符号形式,然而语言最通常还是指言语和文字。

言语的物质形式是声音,文字的物质形式是图形,它们分别给人造成听觉的和视觉的反映。语言作为物质形式和内容意义的统一体,在自己身上便体现为"音义"统一体或"形义"统一体。语言还是一种线性的结构系统,语言单元是沿着一维的方向前后相继地排列下去的,语言单元之间是根据语法规则组合起来并形成语言系统的。

由此看来,对于有声语言来说,它的三大构成语素便是:语音、语义和语法。语言在所有的符号形式中是最基本和最重要的符号形式,是人类传递、存贮和加工信息的基本工具。

三、语言的特征

(一)社会性

语言是一种交际工具,交际是其首要职能,信息的传递、情感的表达都需要借助语言这一工具来完成。语言这种工具具有全民性,不分年龄、性别地为全体社会成员服务。

语言产生于社会,又广泛运用于社会,并且随着社会的发展变化而变化。反过来,语言能够反映社会,通过对语言进行研究就可以从中观察社会现象,了解社会心态。

(二)创造性

创造性指语言可以无限变化的潜力。有人将语言与交通信号灯作比,认为语言比交通信号灯还要复杂,这是因为人们可以运用语言产生很多新的意义。例如,一些词语通过新的使用方法可以传达不同的意思,并且能够立刻被人理解。

就另一个角度而言,只有人类的语言具有创造性。虽然绝大多数的动物能够给同伴传递信息,能够接受其他同伴的信息,但是这些信息并不具有创造性。例如,长臂猿的叫声往往都来自一个有限的指令,它们的叫声不具有创造性,因此不可能创造新意;蜜蜂的舞蹈只是用来指示食物的所在,仅能传递这唯一的信息,因此也不具有创造性。

但是,如果将语言视作一个交流系统,那么语言就不是人类独有的了。也就是说,蜘蛛、蜜蜂等也可以通过语言进行交流,只不过交流的内容是非常有限的。语言是创造性的,因为其可以产生出无限的句子,这也体现了语言的递归性。

(三)移位性

所谓移位性,即交际双方可以用语言传达不在交际空间或现场的事件、物体、概念等信息。例如,人们可以提及孔子,即便其已经去世两千多年,距离人们比较遥远,但是人们仍旧可以用语言将其相关信息传达出来。

一旦发现有关群体利益的刺激,多数动物都会发出相应的交际反应。例如,鸟类发出鸣叫声意味着有危险的临近,这些是动物受到外界刺激的直接反应。与动物交际系统不同,人类语言不会受到直接刺激的控制,也就是说,人们谈论什么不需要由内部刺激引发。

移位性赋予了人们巨大的抽象能力与概括能力,这些能力也促进了人们的进步与发展。一些词语常被用于指代当前语境中不存在的事物或事件,当人们对一些遥远的事物或事件进行讨论时,人们就有了对该事物或事件等抽象的概念能力。

第三节　文化与语言之间的关系

语言与文化的关系是非常复杂的,单从某一个角度来分析是存在偏颇的,因此下面从辩证的角度对二者的关系进行分析。

第一章 文化与语言解析

一、文化与语言相互依存

语言是文化传承的载体。反过来,文化对语言发展有着巨大的推动作用。语言的发展对文化各个部分起着推动作用,如法律、政治、风俗、艺术创造、教育、思维等。也就是说,只有文化不断发展,语言才能发展。

语言是文化的一部分,并且是属于最初始的文化,是文化的一个重要组成部分,是精神文化的基础。但是,语言是不可以超越文化而存在的,是不可脱离一个民族所流传下来的对这个民族风俗习惯与生活面貌起着决定作用的信念体系。同时,文化又对语言的形式起着制约的作用,是语言赖以存在的基础,其不断将自己的精髓注入语言中,是语言能够再生与发展的生命力量,成为语言的文化内涵与语言表现形式,因此文化的发展对语言的发展起着促进作用。反过来说,语言的发展也对文化的发展有着巨大的意义。

二、语言与文化相互包容

语言是文化的基础与重要部分。从这一意义上而言,语言是文化系统中的一个子系统,然而这一子系统有着自身的特殊性,即其在结构上能够将文化上的定义清晰地表现出来,其提供了对概念世界起着决定作用的分类系统。简单来说,语言是文化系统的一种典型形式,其对整体文化系统起着决定性的作用,其包容着文化的一切,对文化的一切有着涵盖的作用。

由于语言与人类行为是融合为一体的,语言是文化产生与发展的必由之路,因此语言能够详细地对一个民族的历史文化、娱乐游戏、信仰偏见等加以反映。文化上的接触总会导致"语言货物"的交换。十字军东征时在巴勒斯坦的烈日下脱下原来穿的金属盔甲,而换上了阿拉伯人穿的一种棉布服装。于是,这种服装传到了欧洲,出现了意大利语的 giubba、西班牙语的 aljuba、德语的Joppe等同出一源的指称男用服装的词。

语言如水银泻地般的文化渗透力(culture penetration)还使它在文化的历史发展中获得一种特定历史层面的心智氛围(the mental atmosphere),从而成为特定时代、特定社会人类思想的典型标志。英国文学批评家L. P.史密斯指出,如果我们得到一份声称是中世纪手稿的抄本,而其中发现有enlightenment(启蒙), scepticism(怀疑主义)这样的字眼儿,我们将毫不迟疑地宣称:这是一份明显荒谬的伪造品;如果在一部假称是伊丽莎白时代(Queen Elizabethan,1558—1603)的剧本中,却看到exciting event(激动人心的事件), interesting personality(有趣的人格)这样的短语,或是发现剧中的角色在谈论着他们的feelings(感情),我们也将即刻抛弃它;如果在假设由培根嵌入莎翁和他自己作品中的著名暗记里,我们读到secret interviews(秘密会见), tragedies of great interest(重大悲剧), disagreeable insinuations(令人不快的暗讽),我们开始怀疑培根对这些短语的著作权。

汉字的象形性对中国人认识世界的方式直接起着制约的作用,使人在使用文字时不需要了解其读音就可以根据形态来把握其概念意义,并在一定程度上对其深层含义有所了解和把握。人们在学习汉字时,对周围世界进行认知,完整地接受了这样一个致思途径与世界构图,以语言文字的形象贯通世界的形象,最终在语言文字上形成"目击道存"的思维形式,并以这种方式来容纳华夏文化。

语言统一文化各领域的功能,使语言问题在现代化进程中日益凸显出来,因为现代化的问题归根到底是人的现代化(modernization)问题。这就不能不与人及整个民族和社会的文化意识(culture consciousness)、文化素质(culture quality)、文化传统(culture tradition)、文化氛围(culture atmosphere)、文化构成(culture formulation)、文化功能(culture function)、文化发展(culture development)的态势等发生关系。因此,现代人无疑应该具有一种崭新的文化含义(culture meaning)、文化形象

（culture image）和文化精神（culture spirit），这就必然需要在其思维方式（mode of thinking）、心理意识（mental consciousness）和审美情态等方面有一个较为深刻的革命，这一革命的必要条件就是语言的解读和更新。

从本质上说，语言是对传统的阐释与理解。人类生活在语言中，而能够对传统进行保存的是语言，因此人类已经在传统中生存，就在人对语言理解与接受的同时，传统已经通过语言进入到人类的生活中。人之所以成为现实与理性结合的人，就是因为他对某一文化传统的语言进行无可选择的接受，并通过语言对传统进行理解与解释。

语言的更新是思维方式革命和文化观念更新的必然要求。过去人们总是过多地强调思维而较少地谈论语言，并且往往在阐发语言和思维（形式和内容）的关系时，把语言放在一种从属和被动的位置，从而忽略语言的实际作用，事实上语言对于人类思维的发展和社会形态的形成有着不可低估的作用。

第二章 文化领域下的英汉思维与观念比较研究

不同的生活环境造就了人们不同的历史文化和风俗习惯,也使得人们形成了不同的思维方式和价值观念。思维方式和价值观念影响着人们的语言表达方式,制约着人们的行为方式。在文化领域下,英汉民族具有不同的思维方式与价值观念,也就有了不同的语言表达方式和行为方式,如果不了解中西方思维方式与价值观念之间的差异,将难以有效了解对方并进行有效的跨文化交际。因此,对文化领域下的英汉思维与价值进行比较很有必要,本章将对此进行具体研究。

第一节 英汉思维模式比较

所谓思维模式,就是思维主体在实践活动基础上借助于思维形式认识对象本质的思路。思维模式是人们大脑活动的内在程式,受到文化的影响。在英汉语言背景下,英汉民族所处的社会环境有所不同,人们的体验和经历也各有差异,因此看待世界的角度也不同,有着不同的思维模式,而这又进一步影响他们的社会体验和经历,也影响他们的语言发展。以下就对英汉思维模式进行比较分析。

一、逻辑性思维与直觉性思维

(一)西方的逻辑性思维

古希腊哲学家亚里士多德开创了形式逻辑,创立了演绎推理的三段论以及整个形式逻辑体系,使逻辑性成了西方思维方式的一大特征。西方人的逻辑思维是一种理性的思维,重视分析、实证,通过辩论、论证来认识和理解事物。

中世纪时期,西方人依然主要运用形式逻辑的模式。15世纪下半叶,自然科学方面的成果非常丰富,这也对形式分析思维模式是一种明确的推动力量。17世纪,归纳逻辑问世,它对形式逻辑的内容是一种补充,是一种延伸。19世纪,培根的归纳逻辑得到了进一步的充实,即英国逻辑学家穆勒发明了探求因果联系的五种归纳方法。可见,归纳法与演绎法珠联璧合,基本塑造了形式逻辑的大体轮廓。在这一时期,数理逻辑这门科学诞生。数理逻辑也叫作符号逻辑,它将思维转变为符号进行研究,最后用人工符号揭示逻辑规律。18世纪末至19世纪初,唯心主义的辩证逻辑体系从黑格尔那里悄悄地产生了,后来马克思、恩格斯以唯物主义进一步对辩证逻辑进行了修正。至此,西方已有了形式逻辑、数理逻辑、辩证逻辑等基本逻辑工具。西方逻辑思维的发展导致思维的公理化、形式化和符号化。

这种逻辑性思维在语言中有着显著的体现,即英语多长句,整个句子靠语法功能连接,保持形合,语句关系较为分明。下面来看希拉里告别总统竞选演讲时说的一句话。

"We all want an economy that sustains the American Dream, the opportunity to work hard and have that work rewarded; to save for college, a home, and retirement, to afford that gas and those groceries and still have a little left over at the end of the month."

上述句子在构思上由主到次,句子与句子之间结构复杂,而且结构严谨,具有严密的逻辑性。

总体而言,英语民族具有的是逻辑性思维,崇尚科学性与逻辑性,善于运用综合思维进行逻辑分析,而且重视形式思维。

(二)中国的直觉性思维

在面对外部事物时,中国人的反应具有较强的直观性和情感性,思维上重感觉轻逻辑。直觉思维不经过严密的逻辑程序,省去许多中间环节,直接而快速地获得一个总体的印象。这是一种超越感性和理性的内心直觉方法。但是,通过直觉思维所获得的结论往往偶然性多,准确性差。但如果直觉思维以逻辑思维为前提,并与逻辑思维相结合,就可能发挥其创造性。直觉思维对中国哲学、文学、艺术、美学、医学等产生了深远的影响。

基于直觉性思维,中国人在认识事物时只满足于描述现象和总结经验,而不追求将对事物的认知从感性认识上升到理性认识。因此,中国人常常会说"只能意会,难以言传",习惯停留在表面现象上,对许多事物的认识"只知其然,不知其所以然",缺乏探求现象背后的本质的精神。

中国人的这种思维模式在语言上也有所体现,即汉语多短句,句子结构松散,但句与句之间的意思密切观点,保持意合。例如:

人生好比一条河,开始时峡谷溪流,接着是激流勇进,冲过巨石,发下悬崖。

An individual human existence should be like a river small at first, narrowly contained within its banks, and rushing passionately past boulders and over waterfalls.

由上述例子可以看出英汉思维方式差异在语言上的体现,在翻译时,一个英语长句分成了几个短句,而且形散神不散,符合汉语意合的特点。

二、分析性思维与整体性思维

（一）西方的分析性思维

西方倾向分析性思维,对事物进行分析时,既包括原因和结果分析,又包括对事物之间关系的分析。17世纪以后,西方分析事物的角度主要是因果关系。恩格斯特别强调了认识自然界的条件和前提,他认为只有把自然界进行结构的分解,使其更加细化,然后对各种各样的解剖形态进行研究,才能深刻地认识自然界。西方人的分析性思维从这里开始萌芽,这种思维方式将世界上的人与自然、主体与客体、精神与物质、思维与存在等事物放在相反的位置,以彰显二者之间的差异。

这种分析性思维包含两个层面:一是分开探析的思维,即把一个整体的事物分解为各个不同的要素,使这些要素相互独立,然后对各个不同的、独立的要素进行本质属性的探索,从而为解释整体事物及各个要素之间的因果关系提供依据。二是以完整而非孤立、变化而非静止、相对而非绝对的辩证观点去分析复杂的世界。马克思主义哲学大力提倡这种思维层次。

(二)中国的整体性思维

在最早的生成阶段,宇宙呈现出阴阳混而为一、天地未分的混沌状态,即太极。太极动而生阳,静而生阴,在动静交替中产生出阴阳来。阴阳相互对立、相互转化。事物总是在阴阳交替变化的过程中求得生存、发展。从哲学的角度来看,阴和阳之间的关系是从对立走向统一的。这就体现了中国传统哲学的整体性特点,它不注重对事物的分类,而是更加重视整体之间的联系。我国儒家和道家也认为人与自然、个体与社会就是一个大的整体,二者是不能被强行分开的,必须相互协调地发展。儒家所大力提倡的中庸思想就发源于阴阳互依互根的整体思维。

基于整体性思想,中国人总是习惯于首先从大的宏观角度初步了解、判断事物,而不习惯于从微观角度来把握事物的属性,因而得出的结论既不确定又无法验证。由此中国人逐渐养成了对任何事物不下极端结论的态度,只是采取非常折中、含糊不清的表达方式,在表述意见时较少使用直接外显的逻辑关系表征词。总而言之,中国人善于发现事物的对立,并从对立中把握统一,从统一中把握对立,以求得整体的动态平衡。

三、客体思维与本体思维

（一）西方的客体思维

英语民族的思维趋向客观的大自然和外部环境，主张通过人类的智慧和能力来征服自然和改造自然，并在长期受这一思想的影响下，形成了以客观世界为观察、分析、推理和研究中心的思维方式。这种思维方式通过语言就能发现其身影，如英语中常用物称表达法，即不用人称来叙述，而是通过事物以客观的口气来叙述，并且常使用被动句。例如，英美人在接电话说"是我"时，常用"It's me."来表达；在交谈中询问对方近况时，常用"Is everything OK with you?""What is up?"不直接加以询问，而是对对方周围的事情进行询问。再如：

The unpleasant noise must be immediately put an end to.

必须立即终止这种讨厌的噪声。

上述句子原文并没有用人称作主语，而是把感受到的事物作为主语在进行叙述。

上述例子说明英语中常用物作主语，行文的客体性特征多于主体性特征，也反映了英语民族偏重客体的思维方式。

（二）中国的主体思维

在中国文化中，道家和儒家的理论学与哲学思想占据着重要的地位，两家思想都提倡以人本位为主体。老子主张"人法地，地法天，天法道，道法自然。"庄子认为"万物以我为一"，孟子亦云"万物皆备于我矣"。受这些思想的长期影响，汉民族逐渐形成了以人本文化为主体的思维模式，即在观察、分析和研究事物的时候以人为中心的思维方式。这种思维在语言上的表现是，汉语中多以人或者有生命的事物为主语，如果人称不明确，则用"人们""大家"等词语来代替，或者使用无主句。来看席慕蓉在《无怨的青春》中的诗句。

"在年青的时候,如果你爱上了一个人,请你一定要温柔地对待她。不管你们相爱的时间有多长或多短,若你们能始终温柔地相待,那么,所有的时刻都将是一种无瑕的美丽。若不得不分离,也要好好地说一声再见,也要在心里存着感谢,感谢她给了你一份记忆。"

上述文字都是以人为主语,以"你""你们"来泛指所有人,而且行文从人的角度出发,顾及人的感受,字里行间都透露出主体思维。

下面再通过一个例子来感受下英汉客体思维与主体思维的差异。

My fortune has sent you to me, and we will never part from each other.

我很幸运,能够得到你,我们将永不分离。

上述原文的主语是抽象名词 my fortune,译文将其转化为人称代词"我",这样翻译符合汉语民族的思维习惯和行为习惯。我们从中能体会到英汉民族思维方式的差异。

四、抽象思维与具体思维

(一)西方的抽象思维

英语民族侧重抽象思维,常用大量抽象的概念来表达具体的事物,反映事物内在的情况和发展规律,注重逻辑与形式的论证,具有"尚思"的特征。在语言的使用中,就表现为惯于用抽象的名词来表达复杂的理性事物。下面来看拜伦的诗句。

She walks in beauty, like the night,
Of cloudless climes, and starry skies;
And all that's best of dark and bright,
Meet in her aspect and her eyes;

Thus mellow'd to that tender light,
　　Which heaven to gaudy day denies.

　　在上述诗句的比喻中,主体和喻体的相似程度不高也没有关系。人的美和自然之美一样都是美的,将这两种美抽象地联系在一起,可以相互映衬,表明同一种意思。

　　(二)中国的具体思维

　　汉语民族侧重具体思维,人们在说明问题和描述事物时习惯用形象和比喻法,具有"尚象"的特征。这种思维对语言的影响是,汉语用词具体,习惯以具体的概念来表达抽象的事物,而且句中常会出现多个动词连用的情况,读来生动形象。例如:
　　去年今日此门中,人面桃花相映红。
　　人面不知何处去,桃花依旧笑春风。

　　　　　　　　　　　　　　　　　(崔护《题都城南庄》)

　　上述诗句用词简单,语言简朴,形象具体,用意清晰明了。作者用了"人面""桃花"等具体义项,表达了对旧日美人的缅怀之情。类似这种的用具体名词或贴近生活的词语来表达抽象内容和情感的方式在汉语中十分常见。

五、直线思维与曲线思维

　　(一)西方的直线思维

　　西方人的思维呈现直线式,在表达思想时往往直截了当,在一开始就点明主题,然后再依次叙述具体情节和背景。这种思维方式对语言也产生着重要的影响,即英语为前重心语言,在句子开头说明话语的主要信息,或者将重要信息和新信息放在句子前面,头短尾长。例如,"It is dangerous to drive through this area."该句子以 It is dangerous 开始,点明主题,突出了重点。

（二）中国的曲线思维

中国人的思维方式呈现曲线式，在表达思想和观点时常迂回前进，将做出的判断或者推论以总结的形式放在句子最末尾。这种思维方式在语言中的反映是，汉语先细节后结果，由假设到推论，由事实到结论，基本遵循"先旧后新，先轻后重"的原则。例如，同样是"It is dangerous to drive through this area."这句话，汉语表达则是"驾车经过这一地区，真是太危险了。"从该例既能感受到中国的曲线思维，又能了解中西方思维的差异。

六、逆向思维与顺向思维

（一）西方的逆向思维

不同民族的人们在观察事物或解决问题时，会采用不同的视角和思维方式。西方人习惯采用逆向思维，通常从反面描述来实现预期效果。这种思维在语言上有着充分的体现，如在说"油漆未干"时，英语表达是 wet paint，在说"少儿不宜"时，英语表达是 adult only。

（二）中国的顺向思维

相较于西方，中国人更倾向于顺向思维，就是按照字面陈述其思想内容。这在语言中的体现十分明显，如"成功者敢于独立思考，敢于运用自己的知识"这句话就是按顺序表达，而且其意思可以按照字面意思理解。但这句话英语表达则是"Winners are not afraid to do their own thinking and to use their own knowledge."由此可以看出中西方思维方式的差异。

七、创新思维与保守思维

（一）西方的创新思维

西方人的创新思维较强，并且也具有鲜明的批判性，因此西方哲学在各个时期都有不同的理论体系，前仆后继。西方思维方式趋于多元化，注重多方向、多层次、多方法地寻求新的问题解决方案，重视追根穷源，具有发散性、开放性。西方人勇于打破常规。对西方人来讲，有变化，才有进步，才有未来，它们三者之间有着直接的关联。没有变化、进步，就没有未来。翻开西方历史，显而易见的是标新立异的成功。正是这种创新的价值取向，使西方人永远生活在生机勃勃的氛围中。

（二）中国的保守思维

中国封建社会的一体化政治结构决定了中国传统文化长期以来遵守"大一统"思想，要求个人和社会的信仰一致。这种"大一统"思想又通过儒家的"三纲五常""礼乐教化"来得到巩固。儒家倡导中庸之道，反对走极端，避免与众不同，主张适可而止。中国封建社会希望社会中所有的人，上至国君，下至百姓，都形成同样的价值取向和行为模式。在这种"大一统"文化的熏陶之下，中国人的思维方式相当保守，极端排斥异己，因而也具有很强的封闭性，缺乏怀疑、批判、开拓和创新的精神。但是，正是因为这种保守思维，中华文化才得以保存、延续和发展。

第二节　英汉价值观念比较

价值观是指人们对周围的客观事物的意义、重要性的总评价。人们对客观事物的主次、轻重、好坏的排序，构成了价值观体系。而价值观和文化是双向互动的关系,因此不同的文化促成了不同的价值观。以下就对英汉价值观念进行比较分析。

一、自然观

(一)西方的"对立"观念

西方文化是主体与客体相对立的文化。人面对着自然,要么感到畏惧,要么就是想尽一切办法去征服,这就形成了人与自然的对立关系。

之所以形成这种状态,还要追溯到公元前3000年到公元前2000年左右的欧洲文明萌发期,即所谓"爱琴文明"时代。西方文明的发源地是古希腊。希腊半岛和爱琴海地区多山地,土地贫瘠,但是有着很多良好的港口,这种地理环境使希腊人很早就从事海上贸易,使得希腊文明呈现出强烈的海洋性,发展了西方社会经济的商业文明。当时的人们通过航海和商业来谋生存,来发家致富。这一点可以通过考古发掘的器皿和壁画来证明,海草、珊瑚、海豚、章鱼等形象在那些器皿和壁画中到处可见,足见海洋生活对他们而言并不陌生。实际情况是,海洋比陆地更能显示自然作为人类对手的气质。大海波涛汹涌、狂风大浪、危险重重,因此人们明白不能"靠天吃饭",也不可能"乐天知命",人们要经常面对大海搏击,人不能征服大海,就要被大海吞没。人必须具备冒险的勇气和探索精神,才能求得在海洋上的生存权利。因此,人与自然之间是一种认识、征服和改造的关系。人要勇于挑战自然,彰显人的价值和力量。

(二)中国的"顺应"观念

中国位于亚洲东部的大陆上,地形复杂、气候多样、河流纵横的自然基础很早就萌发了初期的农业文明。可以说,中国文化起源于大河,黄河被称为中华民族的"母亲河",除此之外,中国还有黑龙江、松花江、辽河、长江等各大流域。农耕文明与游牧文明的互动推动着中华文化的不断发展,总体上还是以农耕文明为主导。

  在农耕社会,自然条件的好坏直接影响着人们的生活状况,人们在当时无力改变自然条件,祈求自然的眷顾、赐予,希望风调雨顺、五谷丰登。中国古代人认为,人要顺应统一的规律,和自然一致、和谐。在原始的巫术活动中,人企图用自己的情感感染自然、影响自然,希望"老天爷慈悲"。人们愿意顺应天命,从不抵抗天的旨意;既不甘做奴隶,也不想当主人。中国古代人从来没有把自然的"天"视为有独特能力的对手。人与自然是一种顺应与融合的关系。中国强调"天人合一",自然被作为神崇拜,当时的人们非常注重天与人之间的相互融合和协调。这种人与自然合一、物我不分的观念,直接导致了中国人综合思维的特征,考虑问题往往从整体和大局出发。中国人的自然观是中国产生集体主义价值观的重要根源。

二、生存观

(一)个体主义观念与集体主义观念

1. 西方的个体主义观念

  西方文化的发源地古希腊地域狭小,人们需要通过发挥个人的作用来克服大自然所造成的困难,从而发展工商业,这使得西方人强调个人奋斗的价值,对于个性、自由非常推崇,注重自我实现。西方人主张,我爱我师,我更爱真理,他们不臣服权威。但需要指出的是,个人主义并不意味着个人利益比任何利益都高,而是需要在法定的范围内,因此个人主义也是一种健康的、积极的价值观。西方社会价值观的核心是个人主义,通过个人奋斗去追求成功,实现自我价值。西方传统价值观念以个人幸福为主要目标,以个人为本位,政府的决策要把保护个人利益放在重要位置。不得不说,个人主义有助于个人的创新与进取,但是如果对个人主义过分强调,可能也会影响整个社会的亲和力。他们以批判的眼光看待已有的知识,从而不断获取新的知识。西方人的独立精神以及对个人存在价值的尊重,使得西方人逐渐形成了求异忌同、标新立异的开拓精神。因此,西方文化在继承、批判的呼声中不断推陈出新,从而保持旺盛的生命力。反映到言语行为中,西方人喜欢单数,认为单数吉利,如表达更深的程度时,常在整百整千的偶数后面加"一",如 one hundred and one thanks(十分感谢)。

2. 中国的集体主义观念

中华民族的祖先在与险恶的自然环境做斗争的过程中,体会到了团结的力量,认为只有联合起来才能生存,进而形成了很强的群体意识。农耕的社会环境要求人们在稳定的地域耕作,在同一个地方,有着共同祖先的人们朝夕相处,久而久之就形成了相对稳定的社会关系。中国的传统观念认为,先有群体才能有个人,为了在群体中生存,就需要牺牲自己的个性,以便被群体接纳。中华民族是一个趋同的民族,有着强烈的集体主义观念。当遇到个人利益与集体利益发生冲突时,人们往往被要求与集体利益保持一致。虽然这种情况在当代社会有所改变,但是中国人仍旧饱含着强烈的集体归属感。同时,中国人喜欢与人为善,容易融入群体中。孔子所言"己所不欲,勿施于人"和"己欲立而立人,己欲达而达人",都是在群体中人与人之间相处的原则。中国人以谦逊为美,随遇而安、知足常乐,而争强好胜、好出风头是不被看好的,所以自古就有"枪打出头鸟"这句俗语。因此,中国文化认为双数是个很吉利的数字,人们喜欢在双数的那天办事,如结婚就选择良辰吉日的双数。汉语中有关双数的词语往往都是褒义的,如"好事成双""双喜临门""六六大顺""十全十美"等。

(二)竞争观念与和谐观念

1. 西方的竞争观念

从西方社会的历史发展来看,西方社会有着明显的"重商主义"特点。美国著名学者罗伯逊认为,美国社会的商业文明在1776年美国独立时就已经形成。

在西方社会,"权利、地位、声望、金钱"都不是天生就有的,并不能简单地通过继承遗产或者高贵的血统来获取。个人想要获取财富,实现自己的理想,只有通过自己的竞争才能实现。因此,西方人形成强烈的竞争观念。作为社会中的一分子,个人只有通过自己的竞争才能获取资本以及各种机会,人应该用于面对和接受各种挑战,将自己放在与他人竞争的同等位置,从而充分激发自身的潜力以及战斗力,通过行动来追求速度、结果、效率。达尔文所提出的进化论思想在西方十分受欢迎,西方人甚至将"物竞天择"作为自己的人生信条。

2.中国的和谐观念

中国主张"天人合一"思想,追求和谐与统一,加之受儒家中庸思想的影响,中国人形成了追求和谐一致的观念。此外,中国是农业大国,在中国传统思想中,重农轻商、重本轻末。孟子说:"百商之切,勿夺其时,数口之家可以无饥矣。"中国古代社会中流传的一个说法是"士、农、工、商",从这一排序中就可以明显地看出商人的地位,商处于最末。中国古代社会形成重农思想的根源,主要在于古代人长期处于一种自然的经济状态中。从事农业需要天时、地利、人和,因此中国人在长期的农业生产中形成了合作与协调的思维。例如,"远亲不如近邻""家和万事兴"等都是对和睦、和谐的推崇与追求。

三、道德观

(一)平等观念与奉献观念

1.西方的平等观念

西方的道德观念深受西方人文主义的影响。西方的人文主义是指那些发扬纯粹属于人和人性的品质的一种途径。在西方哲学史上,普罗泰格拉(Protagoras)第一次把人作为研究对象,强调了人的主体地位和能动作用,开创了西方人文主义的哲学思想。文艺复兴时期的"人的发现",是对古希腊时就已经存在的人的一种意识的唤醒,强调与发挥古希腊、古罗马典籍中关于人性、人的价值、人生幸福的思想。启蒙运动时期西方人文主义由贵族转向平民、由王权转向人权,更加明确地强调个人能量的解放和释放促使无限力量的形成。到了19世纪,人文主义认为,个人才能发挥促成的知识、财富、文明等方面的增长在物质和道德方面将人提高到前所未有的新高度。

人文主义倡导的自由、平等思想贯穿着中世纪以来的社会、政治、经济、文化等各个方面。西方的传统是崇尚法律,法律被认为是自由、平等、正义的象征。

2. 中国的奉献观念

中国很早就有了"利他主义"道德感,这一思想可以追溯至传统价值观的利义观。孔子在他的《论语·里仁》中指出,"君子喻于义,小人喻于利",这种利义观影响中国社会几千年。利他主义产生的是一种奉献精神,这种精神的特点是将他人利益凌驾于个人利益之上。历史发展至今,奉献依然是中国核心价值观的基本元素。所以,在中国,不乏具备奉献精神的人物,古有"先天下之忧而忧,后天下之乐而乐"的范仲淹,后有全心全意为人民服务的雷锋,今有感动中国的大学生志愿者徐本禹等。

(二)德观念与仁观念

1. 西方的"德"观念

在西方社会,智慧、勇敢、节制和正义一直都是人们崇尚和遵循的道德价值观念。西方的伟大思想家柏拉图(Plato)认为,正义是智慧、勇敢、节制三种美德的统一,同时正义这种美德是催生智慧、勇敢、节制这三种德性的前提。这一思想在柏拉图所著的《理想国》中有所体现,柏拉图从城邦正义、个人正义两个层面来阐述正义,他指出城邦正义就是城邦中的每一个人都只做自己的事情,个人正义则是指自己内心的各个部分不可相互干涉。正义还指人的智慧、勇敢和节制三种德性各司其职、和谐共处。正义使得人们安于自己在社会中的地位和职责,使得社会能够和谐有序地运行。

2. 中国的"仁"观念

在中国,仁和义是最为重要的道德价值观念,其中"仁"位于仁、义、礼、智、信的首位。孔子认为,"仁"作为儒家之道的根基,作为伦理主张和道德理念的"仁"和"温良恭俭让"等具体德行是不同的。孟子继承并发扬了孔子的思想,在《孟子·梁惠王上》中描述了他认为的理想社会,即"老吾老及人之老,幼吾幼及人之幼",这与孔子的思想是一脉相承的。可见,推己及人是儒家的一贯态度,这符合仁的真实情感。当然,"仁"只是抽象的道,它又具体化为人际交往的准则,即"仁者爱人""己所不欲,勿施于人""己欲立而立人,己欲达而达人"等。而且,儒家认为"仁"是后天获得的,具体的修身程序为"学礼—约之以礼—自觉地循礼行事—存养仁"。但是,"仁"的实现并不意味着修身的终止,对"仁"的追求就如同对真理的追求,永无止境。

四、金钱观

《茶花女》中有这样一句名言:"金钱是好仆人、坏主人。"是做金钱的主人,还是做金钱的奴隶,这实际上反映了两种不同的金钱观。所谓金钱观,就是指对金钱的看法和态度。简单来说,就是认为金钱是重要的还是次要的。金钱是适应商品交换的需要而产生的,随着商品经济的高度发展而逐渐成为财富的象征。对于任何民族,日常生活都离不开金钱的流通,而对金钱的不同态度则反映了不同的价值取向。了解中西方不同的金钱观,对于了解中西方文化差异有着很大的帮助。

（一）西方的金钱观

西方文化历来崇尚物质，西方人一向都是热情和大胆地追求物质利益，他们认为物质成就的获得代表着个人的成功，自我的实现首先是物质成就的实现，然后是其他层面的进步和满足。但是，西班牙人有着不同的金钱观，西班牙人认为人的生命是宝贵的，不要为钱去拼命，而应该尽情地享受人生，因此多数人对金钱的态度是，金钱可以使人有权有势，但不一定使人幸福。

（二）中国的金钱观

在中国传统文化中，人们固然认为金钱十分重要，但并没有将金钱的获得作为成功的标志或者生命的必须，而是"身外之物"。中国有句俗语说的是金钱"生不带来死不带去"，实际上就是对金钱观的反应。在中国文化中，金钱和地位并不等同，所以中国人对金钱的态度要豁达很多。究其根源，主要是因为中国千百年来受儒家思想的影响，向来重农抑商，以农为本，以商为末，有"为富不仁""无商不奸""见利忘义"的看法。读书人认为谈钱有辱斯文和清高，并且以不言"阿堵物"为高尚。"金钱如粪土，朋友值千金"，视钱财如粪土，重义轻利被认为是检验正人君子的标准，成为中华民族的传统美德。商人总是被人讽刺和轻视，被认为重利轻情，因此整个社会都充斥着"万般皆下品，唯有读书高"的心态。这种金钱观在语言上也有着鲜明的体现，如"君子爱财，取之有道""钱字有两戈，伤尽古今人"等。在当代社会，尤其是近些年来，随着社会经济的发展，人们对金钱的认识和态度发生了很大变化，追求财富成为人们生活的重要部分，挣大钱成为人们的重要愿望。与此同时，也出现了不少的现实社会问题，金钱成了衡量人能力的一个标准，在与金钱的博弈过程中，亲情、友情和爱情都败下阵来。这种拜金现象在语言中也有所体现，如"有钱能使鬼推磨""人为财死，鸟为食亡""一文钱难倒英雄汉"等。

五、教育观

(一)西方求真观念

西方哲学强调对真理的追求,认为自然的目的在于探求真理,以便指导自己去改变自然、征服自然。无论是古希腊哲人赫拉克利特、柏拉图,还是亚里士多德,都主张认识的根本目标在于发现真理,智慧就在于认识真理,并把能认识真理视为人的最高追求。人们眼中的中世纪代表着愚昧、荒诞,虽然如此,那时候的人们仍然大肆宣扬着对真理的追求。圣·奥古斯丁就认为,在真理面前,心灵和理性都要让步,人人都想要获得幸福,但是途径只有一条,那就是获得真理,并且认识了真理便认识了永恒。但是,要发现真理还需要运用科学的手段,因此培根创造出了通过实验与理性来发现真理的科学方法。同样,笛卡尔也强调,追求真理要运用正确的方法,至于什么是正确的方法,还要深入研究。对于真、善、美的向往,是人类的共有特性。但是,西方文化是先求真,再求善,真优于善。例如,古希腊早期哲学只涉及真,而未涉及善。后来,道德问题在哲学中地位有所提高,但仍然是存在于真理的基础上。一直到近代,西方文化一直遵从这种真高于善、善基于真的格局。

(二)中国求善观念

在某种意义上,可以说中国文化是一种伦理文化。这是因为在中国古代文化中,认识、求真往往与伦理、求善结合在一起,并且前者附属于后者。《论语》作为儒学的经典,就是以伦理为核心的,然后延伸至政治等方面。孔子甚至将"中庸"看成美德之至。孟子也是在其"性善"说基础上建立其"仁政"和"良知、良能"学说的。孟子认为,认识的先天能力(良知、良能)源于性善。"诚"的中心内容是善;"思诚"的中心内容是"明乎善"。唯有思诚、尽作品有灵气、弹性足，可以用于形容作品在形象、内涵、意境、氛围等方面的特征。但是，中国文学将"空灵"一词的含义进行了引申和拓展，实际上是对"空灵"的一种借喻，主要是指中国文学对艺术精神、情感意趣以及"出世"思想的追求。例如，陶渊明之所以能写出这样脍炙人口的诗句——"采菊东篱下，悠然见南山"，是因为他为了释放自身的失落、伤感与愤怒的情绪，而陶醉在这种悠闲、出世的氛围中。再如，孟子提出"达则兼济天下，穷则独善其身"，这里的"穷"是指困境，在具体的现实中很多有才能、有抱负的人都遭遇了巨大的困境，可见，在儒家思想中，"达"与"穷"是两种完全相反的生活状态，但是人们在这两种状态中都能找到最理想的人生目标。当自己深处困境时，则更应该提高自己的品德和修为。当然，"穷"的状态是人们都不愿意面对的，因为它让人悲伤，人们往往为了迅速地从这种状态中解脱出来就会自觉地从内心或者外界寻找一些安慰物或者心理的补偿物。因此，中国文学的审美情趣呈现出一系列空灵性特点。例如，中国文学常以仙和仙界折射人伦社会，表现出一种超越悲剧、超越现实的浪漫情怀。

在中国文学中，"自然"是消解悲剧情怀和寄托情怀的重要因素，如象征高洁的松、竹、梅、菊等。再者，山水也充分显示出了悲剧意识的消解功能，王维就是最好的证明，他的"明月松间照，清泉石上流""行到水穷处，坐看云起时"等诗句都显示出山水自然与生命情思的呼应。另外，酒因为自身的特点常常让人意识模糊、表现出醉意，因此也能给士人们带来暂时的释放情绪的感觉。中国的文人墨客常常将酒作为自己抒发情感的意象，并且通常都是代表一种达到快乐的手段和事物，酒在中国文化中是一个非常重要的因素。"对酒当歌，人生几何"，一方面，酒能够麻醉人的大脑，从而使人得到暂时的轻松，进而忘掉令人悲痛的处境和一些道德的束缚；另一方面，酒对人的精神有一种真正的放松作用。陶渊明就是通过喝酒才意识到了文化的本质和核心思想，于是决定在混乱的世间独自修养身心，这就显示出一种高尚的节操和追近于被模仿的对象。这种"模仿说"后来体现在文学样式上,促进了叙事文学的兴起和繁荣。亚里士多德将文学样式分为三种类型,史诗是第一位的,然后才是抒情诗和戏剧。例如,世界上各个民族的史诗无不是对民族发祥、迁徙,所经历的战斗流血以及英雄业绩的模仿和再现。从文艺复兴一直到现代文学,"追寻意识"都是西方文学中的一条主线。"追寻意识"是西方文学和审美意识中崇尚自由、追寻、发展精神的集中体现。

古希腊的文化精神经过文艺复兴的传承,已经成为西方文化的根本内涵之一。西方人赞美生活、讴歌人类、歌颂人生,不断挑战自我、超越自我,以人为本、执着现实、积极进取。作为西方文化另一渊源的基督教,重视道德,强调仁爱和救赎,将"爱"视为伦理的最高原则,深深地影响着近代新型资产阶级。中世纪传说中的"圣杯"以及诸多骑士寻找圣杯的故事,滋生出了追随、寻找、复归等文化意义。这样经过西方古典叙事文学的积淀,经过西班牙"流浪汉小说"的潜在导引,西方文学的主题大多是彰显个体奋斗和个人自由,由于作品吸收了广泛的社会现实的一些信息以及作者渗透出了先进的人道主义风格,因此会引起社会意识形态的审视和批判性思考。

2. 中国的"空灵意识"

中国的"天人合一"哲学观对中国文学有着重要的影响,使得中国历代文学家没有探求自然、历史等的意识,而是把注意力放在自己内在的生命意识的表达上,在文艺中强调感发意志、吟咏性情的重要作用。正如汉代的《毛诗序》所言:"诗者,志之所之也,在心为志,发言为诗。情动于中而形于言,言之不足故嗟叹之,嗟叹之不足故永歌之,永歌之不足,不知手之舞之,足之蹈之也。"此外,"永"即为"咏"。在这种"诗言情、歌咏志"的观念下,诗是心物感应出来的,因此就不难理解,历史悠久、人数众多的中国虽是诗歌的国度,却长期没有西方那样宏大的史诗。

"空灵"是一个美学概念,属于美学中的一种风格,主要是指系在一起。另外,儒家学说中的"诗言志"表明,人们可以通过文艺的修炼达到仁的境界。由此可见,中国传统文化认为,艺术是道德教育的主要载体。因此,中国艺术审美观最终更多地走向审美伦理化和功利性。

(二)文学审美观

语言美是存在于语言中的一个审美信息结构。它既然是一个"结构",就不仅仅是可以意会的,也是可以言传的,换言之,人们完全可以对之加以解剖、分析、描写、表现。语言中的审美构成包括物质形态审美构成与非物质形态审美构成。物质形态的审美信息存在于音韵、词句、章节等具体的、物态的结构中,非物质形态的审美信息存在于语言的精神风貌中。因此,审美客体的审美构成可以分为两个表里相托、形意相融的系统:形式系统和非形式系统。

中西方的文学起源不同,有着不同的文学观。西方文学起源于模仿外物,中国文学起源于心物感应。因为西方文学源于模仿外物论,文学必然具有叙事的特征。中国的文学源于心物感应论,文学必然具有抒情的特征。西方文化选择的是知识之树,中国文化选择的是生命之树。这种文化差异表现在文学审美观上,就是西方的追寻意识,中国的空灵意识。

1. 西方的"追寻意识"

在西方人看来,主体必须尊重、了解客体,才能在这个客观世界中生存下来,这体现了西方人的追寻意识。古希腊德谟克利特曾说过:"从蜘蛛我们学会了织布和缝补,从燕子我们学会了造房子,从天鹅和黄莺等歌唱的鸟我们学会了唱歌。"这样的文化氛围经过一代一代的传承,影响了整个民族和社会。以至于亚里士多德的"模仿说"在西方文学历史上长期居于主导性地位。"模仿说"的基本观念指出,一部作品是否能够称得上美妙,要看这部作品是否能将自然中人的言行举止模仿得非常形象生动,非常接感官在进行观照时也同时把"全部世界史"都机能化了。

（2）老子的"玄鉴"

从理论形态上讲,老子的审美观照理论蕴含在他的哲学思想里,没有独立的美学体系,是比较混沌的、零散的,而更多的是为审美观照理论提供了哲学的基础。

从审美的主客体方面讲,老子和柏拉图的共同点在于都比较强调直觉观照的方式,他也认为审美观照时首先要有一个"虚静"的审美心胸,排除私心杂念,保持平静如水的内心状态。然而,他和柏拉图不同的是,他的审美观照是平和的,认为只有保持淡泊的、安宁的心境,美才会出现。

从审美的实践性的角度讲,老子的审美观照理论有着和柏拉图的审美观照理论一样的致命弱点。

2. 中西方艺术审美观的共性与差异性

在人类社会的初级阶段,由于生产力的不足,无论中国或是西方,起初的艺术审美都主要考虑社会功利作用。

在西方国家,艺术的主要作用是"认识"。西方阐释学家保罗·司格勒斯(Paul Sigles)将艺术比作代码,可以借助媒介传递信息。虽然在西方的历史发展过程中,在大部分时期艺术只在特定时期承担社会功能,但在大部分时期艺术充当着个体情绪与情感的载体。从古希腊时期起,西方哲学家就认为艺术是对自然的模仿。后来,柏拉图在《理想国》卷十里指出,文艺又是现实世界的"影子"。亚里士多德认为,文艺只是起了"净化"的作用。西方哲学传统认为,艺术只是在观察社会、表现现实,而不能改造社会,它始终是一个旁观者。所以,西方审美观更多地表现为人类的情绪或情感,注重个体情感的愉悦。

在中国古代并没有系统的美学学科,但有很多美学概念与西方美学如出一辙。中国的艺术审美观主要来自儒家思想。在儒家传统思想中,艺术是修炼"仁爱"之心的主要手段。"言,心声也""文,心学也""书,心画也"等言论,就将艺术和心灵表现联其他组成部分有着密切的联系。通常情况下，审美观随着需求和认知的变化而变化，它体现了个体的需求和认知，因此审美观还因文化的不同而不同。

（一）艺术审美观

在哲学领域，艺术美学是一个重要组成部分，被称为"艺术哲学"，起初是指"对感观的感受"。根据艺术美学的理论，艺术是美，美也是艺术。中西方艺术审美观既有共性，也有差异性。

1. 中西方艺术审美观的源泉

就美学史而言，中西审美观理论源远流长。其中，老子和柏拉图是中西方审美观照理论的源头，是人类文明史上第一个轴心时代的东西方民族的伟大代表。

（1）柏拉图的"迷狂"

从理论形态上讲，柏拉图的审美观照理论通过他的专门论述，已经形成了相对清晰的脉络体系。他的《大希庇阿斯》就是一篇美学专论。

从审美的主客体方面讲，柏拉图比较强调审美观照时的超然物外的审美态度，强调直觉观照的方式。柏拉图认为，受到尘世欲望影响的人无法享受美的快乐，参与过多的社会琐碎事务会钝化自己对美的感受。他将美感同生理欲望、利害关系相互割裂开来。美感是灵魂在"迷狂"状态中对美的理念的回忆。需要注意的是，他的审美观照是炽烈的、沉醉的，他认为艺术家由于神灵附体而处于迷狂状态，由此产生了狂喜的、沉醉般的直觉。

从审美的实践性的角度讲，柏拉图认为审美观照与人的社会实践毫无联系，这也是他的审美观照理论的弱点所在。作为审美观照的主体，总是要用人的感受器官来进行审美观照的，而审美的感官本身恰恰不能脱离人类的实践。人类的手足、耳朵、鼻子、眼睛等审美感官是"以往全部世界史的产物"，是人类全部的实践形式的历史的"积淀和遗传在人的感官上的结果"，而人类的审美性,才能解除对良知、良能的遮蔽,获取充分的知识和智慧。显然,善高于真而衍生真。宋明理学作为儒学的新阶段,已吸收综合了道、佛的某些重要思想,但其基本构架仍是伦理思想统驭认识论,如"格物致知"的认识论就在伦理学的控制范围之内。理学的认识论完全被伦理学兼并了。

在中国古代,社会的价值观表现为文化政治化、道德化,在乎社会秩序和人际关系的礼仪,并认为这是"正道"。当时的人生理想被宣扬为读经书、考科举、进入仕途,因此许多知识分子争先恐后地追求仕宦前程,都在研究怎么度过人生、怎么安邦治国才算是最好的选择,而对与此没有直接关联的学问非常漠视。这种趋势在汉代以后就表现得更加明显,重义轻利,重人伦轻自然,重政治轻技术。儒家思想甚至还将理性思辨和科学分析置于日常生活、伦常感情和政治观念中,使科学理论伦理化、政治化。道家的文化是一种朴素的文化,他们推崇原始的、蛮荒的世界,普遍蔑视科学技术。这种情况在封建社会的后期变得更加严重,十分不利于科学技术的发展。人们都想通过宦官仕途而成为人上人,劳动者因为没有文化而不能把技术抽象为科学,而有文化的知识分子实际上就是封建官僚的后备军,又不屑于具体的科技。这就造成了"主流学问"与实用知识的脱节以及劳动实践与知识创造的割裂。所有这些实际上已经成为科技进步道路上的一个巨大的绊脚石。

六、审美观

美学由西方哲学和诗学(文艺理论)发展而来,是由德国哲学家、美学家亚历山大·戈特利布·鲍姆加登(Alexander Gottlieb Baumgarten)于1750年提出的。审美是人类都有的心理活动,是人们根据自身对某事物的要求所做出的一种对事物的看法。审美是一个群体中人与人之间联系的纽带。审美观是审美主体对美的总的看法。审美观作为价值观的重要组成成分,与价值观的求质朴生活的人格。除了酒之外,梦在中国文学中也代表着一种空灵的审美形态,因为梦里的事情不是现实生活中发生的真实事情,所以它能够弥补现实的不足。例如,求仙不成的李白说"梦中往往游仙山";《桃花扇》用人生如梦以缓解巨大的悲剧意识。要说最能证明中国文学"空灵"意识的例子,应该是中国文学始终走在追求意境这条道路上,追求思想与意境的和谐共生。意境就是用有限的言语来衬托无限的意蕴,令人回味无穷。

第三节 英汉时空观念比较

各种文化就像拥有自己的语言一样,拥有自己的"时间语言"和"空间语言",因历史文化、风俗习惯、思维方式的不同,英汉民族的时间观念和空间观念有着显著的不同。本节将对英汉时空观念进行比较分析。

一、英汉时间观念比较

时间观念是人们对时间的不同认识和理解,它是人类社会在世间中的产物,也是一个民族文化深层次结构的重要部分,影响着人们对客观世界的感知。贾玉新指出,在非语言交际因素中,时间观念所隐含的意义是文化差异最大、最容易导致交际失误的误区。具体而言,英汉时间观念的差异具体体现在以下几个方面。

(一)时间认知比较

时间观念有线性时间观和环形时间观之分。其中,环形时间观认为世界万物都处在一个循环往复的过程中,在经历了一个时间周期之后又回到原来的状态,在这个时间圆环中,主客体的界限比较模糊,人们对于时间的感知受到客观条件的约束程度较小。

1. 西方的线性时间观

西方的时间观是一种线性时间观。西方人尤其是美国人认为,时间的运动是单向线性的,不可逆转,而且最终会"消失殆尽",因此美国人的时间意识很强,生活节奏快,办事效率也高。这种时间观念在英语语言中也有所体现。例如:

Better early than late.

宜早不宜迟。

Time is money.

一寸光阴一寸金。

Time and tide wait for no man.

时间不等人。

2. 中国的环形时间观

中国传统的时间观认为时间既是线性的,又是循环性的。从时间进程的线性特征而言,时间具有流动性和延绵性,"子在川上曰:逝者如斯夫,不舍昼夜"(《论语·子罕》)凸显了儒家始祖孔子对待时间之流的态度。从时间的循环性特征而言,时间则是阴阳交替、周而复始的。

(二)时间取向比较

克拉克洪和斯乔贝克的时间导向理论将时间分成过去、现在和将来三种导向。其中,西方的时间观属于将来时间观,中国的时间观属于过去时间观。

1. 西方的将来时间观

西方是以将来时间取向为主导的文化,尤其是美国人的时间取向具有"前瞻性",他们信奉"一切美好都会在未来到来",年轻就意味着更多的可能和希望,个人能力在生活工作中是最重要的。

美国的古代历史相对较短,仅有200多年,欧洲大陆的人来到美洲大陆之后定居于此,在之后的岁月中深刻地改变了这块大陆的面貌,在发展过程中,其形成了自己独特的文化习俗。由于美洲大陆的居民最初是来自欧洲的,因而所形成的美洲文化与欧洲文化在根源上具有一致性。美洲文化与传统欧洲文化存在一定差异,是对欧洲文化的一种改良。在美洲大陆所形成的文化体系主要表现为独立和自主,认为每一个人都应该通过自己的努力来实现自己的目标与理想,因为社会是平等的。西方人认为时间一去不复返,是不能倒流的,所以人们不会抓住过去的事情不松手,而是更多的将自己的精力放在未来,提倡享受生活。由此,西方人认为时间就是金钱,是十分宝贵的,因而在现实生活中每一个人都争分夺秒,不舍得浪费自己的宝贵时间。为了合理利用自己的时间,西方人在开始做事之前往往会首先进行细致、周密的规划,以保证一项事情的顺利完成。

2. 中国的过去时间观

中国是以过去时间取向为主导的文化,人们尊重祖先和历史,注重经验和传统,个人的阅历和资历在社会中显得非常重要。中国人在时间方面持有过去时间取向,是因为大多数中国人都认为错失的时间是可以弥补的。中国有灿烂、悠久的历史文化,每一个中国人都不能忘本,不能遗忘历史,每一名华夏儿女都应该以中国数千年的文明为傲,忘记历史就是一种"忘本"的表现,在这种思想的深刻影响下,中国人牢记过去的仁义道德,用过去的标准来评判现代人的行为,如"前所未有""闻所未闻"等。当然,虽然现代社会中的中国人不再特别看重过去的历史,而是将心思放在未来的发展上,但不可否认的是,过去时间观念依然存在于中国人的内心深处。

(三)时间使用比较

根据文化模式的不同,霍尔将时间观念分为单向时间制(monochromic time)和多向时间制(polychromic time)两种范畴。

单向时间制将时间看成可以分割的直线,注重日程、期限、效率,强调时间的宝贵。多向时间制将时间看成发散性的,强调时间使用的灵活性,倾向于一个时间段里做多种事情。

美国人一般会进行周密而详细的计划,习惯在特定的时间内完成特定的工作,人们的生活方式受时间的制约,人们珍惜时间,遵守预约,对时间进行有效的管理,从而提高办事效率。

中国人基本不善于做详细的计划,基本也不会在特定的时间内完成特定的工作,人们常会根据周围环境的变化灵活地安排时间,具有很强的随机性。

二、英汉空间观念比较

空间观念是指人们在历史发展过程中所形成的、与交际距离以及空间距离有关的一种约定俗成的规则,还包括人们在交往过程中所具有的领地意识。由于历史文化背景的不同,英汉民族的空间观念有着显著的差异,具体体现在以下两个方面。

(一)区域概念比较

美国文化人类学家霍尔教授提出了四个区域概念,即亲密区域、个人区域、社交区域和公共区域。下面对中西方的区域概念进行比较分析。

1. 亲密区域

中西方的亲密区域明显不同。以握手为例,西方人在与人握手时距离远的让人难以接受,有时中国人在与他们握手后会向他们走近一些。但西方人认为这一举动误入了他们的亲密区域。这一区域只有他们至亲的人,如父母、配偶、子女、亲属或朋友之间才可以享用。在这一范围内,不仅可以言谈话语,还可以包括身体接触,甚至连对方的脸色和皮肤都能看清楚。对于在这一范围内的其他人,他们就会选择后退,直到后退到自己认为习惯和可以接受的距离为止。

对于这一举动,中国人认为这是不友好和冷落他人的表示。这主要是认为中西方对亲密区域有着不同的认识和界定。在西方国家,如果有局外人走进45cm的范围,即使在公共场合,也会被认为是一种侵扰。但中国人没有这种看法,他们认为公开场合是绝对公开的。因此,在握手过程中的一进一退,是中西方文化差异和冲突的产物。

2. 个人区域

每个人都生在一个无形的空间范围内,这个空间范围是自己必须与他人保持一定间隔的区域。在某些场合,当有些人侵犯或突破了自己的这一范围,就会感到厌烦,甚至引发恼怒。这一点西方国家的区域概念要远胜于中国。个人的空间范围圈因民族、习俗的不同而存在差异。空间范围圈的大小很难有一成不变的概念,其取决于不同的文化。即使在同一个国家,这一空间范围圈也会因场合的不同而有所差异。例如,当一个日本人和一个美国人交谈时,两人会绕着屋子走,因为美国人为了保持一定的距离会不断后退,日本人为了保持理想的距离而不断靠近,实际上他们都在维持各自的舒适距离。通常,日本人的个人区域是20cm,美国人的亲密区域是45cm,日本人的频频靠近已然侵入了美国人的亲密区域,这是不被接受的。在美国人看来,交际过程中的个人距离应在50cm上下为宜,这一距离适用于酒会、办公开会、朋友聚会等。

总体来说,交际过程中的中国人和美国人、英国人的个人区域范围圈相近,在与人谈话时会保持一臂远的距离。相较于中国人,日本人、非洲人、阿拉伯人、意大利人、墨西哥人等的个人交际区域要小很多,而瑞典人、德国人、澳大利亚人的个人区域范围较大。

在中国,个人区域范围还用来表示尊重。例如,学生不与教师紧挨着坐在一起,体现对教师的尊敬。在西方国家,距离也用来反映私生活的文化价值。

3. 社交区域

在西方国家,偶然相识的朋友或者不熟悉的人,人们的身体不互相接触,并且会保持相当的距离,这一距离大致在120~360cm之间。在这些人之间,基本不会涉及隐私问题,所交谈的话题也不会涉及具体人,当其他人介入时也不会被认为是侵扰。这种距离的交谈,别人很容易听到,被人插话时也比较容易,可以自由加入或突出谈话。如果交谈者在三人以上,其他人介入或者离开时也不必表示歉意。各有分工的西方人在一起工作或进行社交活动时,常保持在这种区域内,人们各司其职,互不干扰。

在类似的活动中,中国人的体距一般不到西方人的一半。他们可以只隔一张桌子就可以面对面坐着做自己的事情。在跨文化交际中,人们也不希望与他人的距离过于接近,也希望距离拉大一些。但这不能消除区域概念差异上交错重叠的干扰。这些干扰有时会造成难以处置的后果。中国人自认为不那么隐蔽的某些行为往往被英语国家的人误认为很神秘。中国人会认为英语国家的人与他们的体距拉得过大,使人感到不好接受和不那么友善。

4. 公共区域

在较大的公共场所,人们相互之间所保持的公共区域间距一般大于360cm。这一区域适合于公开演讲、课堂教学、辩论等。对于这一区域,中西方的主要差别在于,中国人失去自我感的距离比西方国家的人近。西方国家的人知道,如果将中国人拒之于2.4~3m,就冷落他们。中国人需要注意的是,在英语环境中,即使多达3m的距离也不一定使西方人失去自我感。

在跨文化交际中,人们常会采用不同的妥协方法做出微小的调整,以免造成误会,从而保证交际的有效进行。

（二）领地概念

1. 个人物品领地

服饰属于个人私有物品，可以将其送人，但不会将它与他人共有。在西方国家，人们将身上所有的穿着均看作自我的一部分，因此服饰成为个人领地范围的延伸。

相比较而言，西方人比中国人更看重个人物品的处置权，他们将服饰看作他人无权触碰的私有物。西方人可能会赞赏或评价他人的衣服，但绝不会轻易去触碰。有时他们也会对某人穿的衣服禁不住触摸一下，但态度会十分严谨，而且发生在密友之间。

中国人则将衣服看作体外之物，与自身关系并不那么密切，不仅会对他人的衣服加以评价，还会进行触摸，甚至追问价格、购买处等。中国人的这种观念正好误入了西方人的禁忌。西方人因为由此禁忌而用自己的观念和习俗为准绳去对待、衡量中国人的关心和赞美之举而造成不必要的烦恼。

2. 家庭领地

在西方国家，女子喜欢将厨房、起居室看作自己的个人领地。男子通常将个人私用的书房、地下室、车库和院子等当作个人领地。此外，家庭领地还包括个人喜欢的家具、夫妻的卧室、停车场等。

在中国，人们的家庭领地观念远不如西方人那样强烈，范围也不那么大和固定，只在一些局部或某一物件上有所体现。例如，男子的工具箱、钓鱼工具、养鱼工具等，女子的厨房炊具、餐具、缝纫机等。总之，中国人的家庭领地界限远没有西方人那样分明。

3. 办公室领地

在西方国家的办公室内，办公桌上的个人物品、办公椅等，未经允许，他人不可以随意翻动。在相同的情况下，中国人虽然也会很不愉快，但不会像西方人表现得那么强烈。

中国人对待事物领属范围的表现,给西方人的印象是漫不经心,易侵犯他人和缺乏礼貌。西方人给中国人的印象则是无感情、冷漠疏远。

4. 教室领地

从学校教室中座位的排放可以看出中西方领地观念的区别。在中国,中小学校习惯于排座位,当座位排好后,一般不会改变,因此客观上来讲座位领域就成了学生相对固定的个人领域。学生一般都会维护自己的这一领地。

但在西方国家,学生对座位的占用圈一般也只有一节课的时间,很少长时间不变。这是因为西方国家的学校不排座位,在每次上学时,学生可以自由入座,没有固定的领地。不过,有些学生也会总是去坐自己常坐的位置,一旦该位置被别人占用,也会感到不愉快,但几乎不会去争抢这块临时领地。

5. 公共场所领地

在中国,如果有人在校园、公园、河边或十分安静的公共场所站立、坐下或踱来踱去地朗诵或默默读书,那么就意味着此人身边方圆2m左右的地方便是此人的个人临时领地。清晨,人们晨练时,如打拳、舞剑等都存在个人对公共场所领域的临时占有。在中国,清晨多是分散型个人临时领地与聚集型群体领地共存式的领地占有。傍晚则是聚集型群体领地式占有,如在道边、凉爽之处、路灯下常有打牌、下棋、聊天的人群。这些人往往对公共场所有相对定时、定点的领地占有,这种现象无论在中国的北方还是南方都十分普遍,而且不分老幼。

这种情况在西方国家颇为少见,莱杰·布罗斯纳安先生说过,"中国人和谐生活、旅行、工作和游戏的空间范围如果突然变成了相同数量的英语国家人的聚居地,那就可能要发生一场头破血流的殴斗了"。中国人的这种喜欢"热闹"的聚集式的领地占有体现了一种相互亲切相处、彼此感情和睦的传统风尚。实际上,西方人也会有聚集性的活动,不过主要发生在体育馆、酒吧间和节日庆祝活动等有限的场合。对于公园中的长椅,西方人的反应是,如果愿意与他人共享,则会坐在一端,如果不愿意与他人共享,则会坐在中间。

在中国的公共场所中,人们没有像西方人这样强烈的占有欲或排斥欲,人们都认为,既然是公共场所,所有的设施都为大众所有,每个人都有权利使用这些设施。例如,对于公园中的长椅,无论是一个人坐在中间或者一端,只要有空地,其他人都可以坐,而无须征得别人的同意。已经坐在长椅上的人也不会觉得自己的领地被他人侵入,觉得这是一种很正常的事,后坐入长椅的人也不觉得自己的行为侵扰了他人的领地。有时相恋中的两个人会长时间占据长椅,其他人不去打扰,是不愿意破坏别人的情感,而不是出于不能占有剩余的领地。

人们越来越体会到,时空观念和使用可以从非语言方面给人传播信息。认识时间观念和时空观念的意义和影响,可以有效增添交流的有效性,促使交流有效地进行。

总体而言,基于文化领域,英汉思维模式和价值观有着显著的差异,这些差异体现着英汉文化的特点,折射着英汉民族的历史文化、风俗习惯等。了解英汉思维模式和价值观的差异,可以避免在跨文化交际中产生误解,确保跨文化交际准确、有效地进行。

第三章 文化领域下的英汉语言比较研究

英汉民族的文化背景不同,导致所形成的语言存在巨大差异。两个民族之间想要顺利展开沟通与交流,就需要学习与掌握对方的文化与语言。英汉两种语言之间的差异主要表现在词汇、句子、语篇与修辞上。本章就从这四大层面入手,探讨文化领域下的英汉语言比较。

第一节 英汉词汇比较

对于英汉语言来说,词汇是其组成的细胞,英汉两种语言中的词汇是非常丰富的。但是,这种丰富性也导致了英汉词汇在词义、搭配、构词方式等层面的差异性。本节就对英汉词汇比较展开分析。

一、英汉词汇搭配能力比较

词汇的搭配研究的是词与词之间的横向组合关系,即所谓的"同现关系"。一般来说,搭配是约定俗成的,但是英汉搭配规律存在着明显的差异,不能混用。例如:

as plentiful as blackberries 多如牛毛

红茶 black tea

另外,很多词具有很强的搭配能力,如英语中的 to do 可以构成很多词组。

to do the bed 铺床

to do the window 擦窗户

to do one's teeth 刷牙

to do the dishes 洗碗碟

通过上述 to do 组成的这些词语可以看出其搭配能力的广泛,可以用于"床""窗户""牙""碗碟"等,但是汉语中与之搭配的词语不同,用了"铺""擦""刷""洗"等。再如,汉语中的"看"也是如此。

看电影 see a film

看电视 watch TV

看地图 study a map

二、英汉词汇意义比较

(一) 完全对应

在英汉两种语言中,有些词在词义上是完全对应的,一般这类词包含名词、术语、特定译名等。例如:

paper 纸

helicopter 直升机

steel 钢

radar 雷达

(二) 部分对应

在英汉两种语言中,有些词呈部分对应,即有些英语词词义广泛,而汉语词词义狭窄,有些英语词词义狭窄,但汉语词词义广泛。例如:

sister 姐姐;妹妹

gun 枪;炮

red 红色;紧急;愤怒;极端危险

yellow 黄色;胆小的,胆怯的

(三)无对应

受英汉文化差异的影响,英汉语中很多专门的词在对方语言中找不到对应词,就是"无对应",也可以被称为"词汇空缺"。例如:

chocolate 巧克力
hot dog 热狗
气功 Qigong
风水 Fengshui

(四)貌合神离对应

在英汉两种语言中,有些词表面看起来是对应的,其实不然,这种对应的词语可以称为"假朋友"。例如:

grammar school 为升大学的学生设立中学,而不是"语法学校"
mountain lion 美洲豹,而不是"山狮"
talk horse 吹牛,而不是"谈马"
大酒店 hotel,而不是 big hotel
酒店 hotel,而不是 wine shop
白酒 spirits,而不是 white wine

第二节 英汉句法比较

在英语中,句法起着十分重要的作用。英汉句法的差异有很多,这里主要从语态、语序、句子重心三个层面入手分析。这些差异也反映出使用不同语言的民族思维方式与文化心理结构的不同,因此是值得了解与研究的。

一、英汉语态比较

英汉思维模式的不同也必然会影响着语态的选择。通过分析英汉语可知,英语善用被动语态,而汉语善用主动语态,英汉翻译中也呈现这一特点。语言是文化的载体,选择不同的语态代表着文化的不同。英语选用被动语态说明英语国家的人们对客观事物是非常看重的,而汉语选择主动语态说明中国人对做事主体的作用是非常看重的。

(一)英语善用被动语态

西方人对于物质世界的自然规律是非常看重的,习惯弄清楚自然现象的原理。与人相比,他们更加看重客观事物,善于对真理进行探求。在语言表达上,他们习惯采用被动语态来对活动、事物规律或者动作承受者加以强调,对于被做的事情与过程非常看重。因此,在英语中,被动语态非常常见。甚至在有些文体中,被动语态是常见的表达习惯。

从语法结构上说,英语中存在十多种被动语态,并且时态不同,其被动语态结构也存在差异,如一般现在时被动语态、一般过去时被动语态等。当然,不同的被动语态,其所代表的意义也必然不同。例如:

English is spoken by many people in the world.

世界上有许多人说英语。

Apple trees were planted on the hill last year.

去年山上种了很多苹果树。

AI technology will be used in the future.

将来会用到人工智能技术。

通过分析不难发现,第一个句子为一般现在时态,其被动语态表达的是现在的情况;第二个句子为一般过去时态,其被动语态表达的是过去的情况;第三个句子为一般将来时态,其被动语态表达的也是将来的情况。

(二)汉语善用主动语态

在做事层面,中国人侧重动作执行者的作用,即所谓的重人不重事。在语言使用中也是如此,中国人更习惯采用主动语态来表达,以陈述清楚动作的执行者。

但是,汉语中也存在被动语态,主要来表达不希望、不如意的事情,如受祸害、受损害等。受文化差异的影响,汉语中的被动语态往往比较生硬。例如:

饭吃了吗?

病被治好了吗?

显然,上述两句话虽然使用被动语态表达,但是显得非常别扭,甚至很难读,因此应改为:

你吃饭了吗?

医生治好了你的病了吗?

这样修改为主动句式之后,句子就显得流畅许多。

二、英汉句子重心比较

在句子重心上,汉语句子则与英语相反,即重心在后;英语句子一般重心在前。也就是说,汉语句子一般把重要信息、主要部分置于句尾,而次要信息、次要部分置于句首。英语句子一般将重要信息、主要部分置于主句之中,位于句首。

有这样一个传说,清朝末期,湘军头领曾国藩围剿太平军的时候,接连失败,甚至有一次差点丢了性命。于是,他向朝廷报告战事时说:"屡战屡败",翻译成英语即为"He was repeatedly defeated though he fought over and over again."但是他的军师看到了这一点,立即将其改为"屡败屡战",即"He fought over and over again though he was repeatedly defeated."

从字面看,这两句话中用了同样的词,只是更改了语序,含义却大相径庭。"屡战屡败"说明曾国藩一直失败,丧失信心,只能如实向朝廷奏报,甘愿领罚;而"屡败屡战"则说明曾国藩是一个效忠朝廷、忠肝义胆的汉子,虽然遭受了多次失败,但是仍不气馁,应该受到朝廷的褒奖。显然,从汉语层面来说,前一句的重心在于"败",后一句的重心在于"战"。而且,正是由于军师巧妙地更改,不仅保全了曾国藩的面子,也救了他的命。因此,在翻译成英语时,也需要注意重心的问题,即"屡战屡败"重心在于 he was defeated,而"屡败屡战"的重心在于 he fought。

第三节 英汉语篇比较

对于英汉两种语言来说,语篇即语言的运用,是更为广泛的社会实践。在英汉语言中,语言是词汇、句子等组合成的语言整体,是实际的语言运用单位。人们在日常交谈中,运用的一系列段落都属于语篇。同时,语篇功能、语篇意义等都是根据一定的组织脉络予以确定的。英汉语篇在组织脉络上存在着明显的差异,这些差异影响着人们的谋篇布局。基于此,本节就对英汉语篇差异展开分析和探讨。

一、英汉表达方式比较

（一）主题与主语

汉语属于主题显著语言,其凸显主题,结构上往往包含两个部分,一部分为话题,一部分为对话题的说明,不存在主语与谓语之间的一致性关系。英语属于主语显著的语言,其凸显主语,除了省略句,其他句子都有主语,并且主语与谓语呈现一致性关系。对于这种一致性关系,英语中往往采用特定的语法手段。例如:

The strong walls of the castle served as a good defense against the attackers.

那座城墙很坚固,在敌人的进攻中起到了很好的防御效果。

显然,英语原句有明确的主语,即 The strong walls of the castle,其与后面的谓语成分呈现一致性关系。相比之下,翻译成汉语后,结构上也符合汉语的表达,前半句为话题,后半句则对前半句进行说明。

(二)主观性与客观性

中国人注重主观性思维,因此汉语侧重人称,习惯采用有生命的事物或者人物作为主语,并以主观的口气来呈现。西方人注重客观性思维,因此英语侧重物称,往往采用将没有生命的事物或者不能主动发出动作的事物作为主语,并以客观的口气加以呈现。受这一差异的影响,汉语往往以主体作为根本,不在形式上有所拘泥,句子的语态也是隐含式的,而英语中的主被动呈现明显的界限,而且经常使用被动语态。例如:

These six kitchens are all needed when the plane is full of passengers.

这六个厨房在飞机载满乘客时都用得到。

显然,英语句子为被动式,而汉语句子呈现隐含式。

二、英汉逻辑连接比较

(一)隐含性与显明性

所谓隐含性,是指汉语语篇的逻辑关系不需要用衔接词来标示,但是通过分析上下文可以推断与理解。相反,所谓显明性,是指英语中的逻辑关系是依靠连接词等衔接手段来衔接的,语篇中往往会出现 but, and 等衔接词,这可以被称为"语篇标记"。汉语属于意合语言,英语属于形合语言,前者注重意念上的衔接,因此

具有高度的隐含性;后者注重形式上的接应,逻辑关系具有高度的显明性。例如:

跑得了和尚,跑不了庙。

The monk may run away, but never his temple.

上述例子中,汉语原句并未使用任何连接词,但是很容易理解,是明显的转折关系。但在翻译时,译者为了符合英语的形合特点,添加了 but 一词,这样才能更容易被英语读者理解。

(二)展开性与浓缩性

除了逻辑连接上的显明性,汉语中呈现展开性,即常使用短句,节节论述,这样便于将事情说清楚、说明白。英语在语义上具有浓缩性。显明性是连接词的表露,是一种语言活动形式的明示,但是浓缩性并非如此。英语具有独特的思维方式与语言特点,这也决定了表达方式的高度浓缩性,习惯将众多信息依靠多种手段来思考,如果将其按部就班地转化成中文,那么必然是不合理的。例如:

She said, with perfect truth, that "it must be delightful to have a brother," and easily got the pity of tender—hearted Amelia, for being alone in the world, an orphan without friends or kindred.

她说道,"有个哥哥该多好啊,"这话说得入情入理。她没爹没娘,又没有亲友,真是孤苦伶仃。软心肠的阿米莉亚听了,立刻觉得她很可怜。

上例中,with perfect truth 充当状语,翻译时,译者在逻辑关系上添加了"增强"的逻辑关系。英语介词与汉语介词不同,是相对活跃的词类,因此用 with 可以使感情更为强烈,在衔接上也更为紧密。相比之下,汉语则按照语句的次序进行平铺,这样才能让汉语读者理解和明白。

(三)迂回性表述与直线性表述

英汉逻辑关系的差异还体现在表述的直线性与迂回性上。汉语侧重铺垫,先描述一系列背景与相关信息,最后总结陈述要点。英语侧重开门见山,将话语的重点置于开头,然后再逐层介绍。例如:

Electricity would be of very little service if we were obliged to depend on the momentary flow.

在我们需要依靠瞬时电流时,电就没有多大用处。

上例中的逻辑语义是一致的,都是"增强",但是在表述顺序上则相反。英语原句为主从复合句,重点信息在前,次要信息在后,在翻译成汉语后,则次要信息优先介绍,而后引出重点信息,这样更符合汉语的表达。

第四节 英汉修辞比较

无论是英语还是汉语,任何一种修辞都是有意识、有目的地对话语进行建构和理解的行为,是将社会文化背景作为参照,将语言作为媒介的社会交际过程。在修辞格的使用上,英汉有些是相同的,如比喻、排比等,有些则存在明显的差异。本节就对英汉修辞比较展开分析和论述。

一、英语 Onomatopoeia 与汉语拟声

(一)二者语音差异

在修辞中,"拟声"修辞是较为古老的修辞格,无论是英语还是汉语,都有拟声词,其是对语言的极大丰富,使语言更为生动传神。英汉语中有很多的拟声词,它们是通过模拟自然声音来获得

的新的词汇。对同一声音,不同民族在声音模仿与感知上可能存在相似的地方,因此在语音形式上有着某些相似性,甚至可能是重合的。例如:

哈哈 ha-ha

啪嗒 patter

乒乓 ping-pong

但是,由于拟声是某一民族从自身语言固有的语言系统出发来改造加工的,因此很多拟声词也融合了特定语言中的声音,实现了特定语言与自然声音的融合。因此,英汉两个民族的语言音系结构与词汇形态不同,导致他们对同一声音的感知与模拟习惯也存在差异。例如:

对人类声音的模拟:

titter 嗤嗤的笑声

boo 呸(表达轻蔑与嫌弃)

对动物声音的模拟:

chirp 唧唧(蟋蟀的叫声)

bleat 咩咩(羊的叫声)

chatter 喳喳(喜鹊的叫声)

对大千世界声音的模拟:

zip 嗖嗖(子弹的声音)

rumble 隆隆(雷电的声音)

clink 叮当(杯子碰撞的声音)

英汉拟声词在语音层面的差异使得中国人难以使用英语在大脑中创造出意境,也很难体会出英语中一些栩栩如生的意境。

(二)二者功能差异

英汉语言在句法层面存在明显的差异,使得两种语言中拟声词的句法功能与词类归属也存在明显的差异性。具体来说,英汉两种语言中的拟声词都可以充当句中的成分,但是二者在本质属性与主要句法功能上呈现差异性。

汉语拟声词的归属与英语拟声词的归属相比尚不明确,甚至还存在争议。著名学者李国南将汉语的拟声词划分为三类。①

第一,拟声词与感叹词合并为一类,称为"象声词",将其认定为虚词。

第二,拟声词与感叹词合并为一类,称为"象声词",但将其归入实词。

第三,拟声词归属于形容词的范畴,属于实词。

一般来说,除了常常作为独立成分,汉语中的拟声词还可以充当短语与句子成分,如定语、状语等。例如:

正在这时,石洞里面传来了"咕咚咕咚"的脚步声。

她急得嗷嗷的。

显然,上例中"咕咚咕咚"充当了定语,"嗷嗷的"充当了补语。在句法特征上,汉语拟声词与形容词类似,如可以跟"的""地"等。由于其与形容词接近,因此很多时候可以担当形容词的作用,承担几乎所有形容词的句法成分。

相比之下,英语拟声词在句法层面上就有明确的归属,绝大部分充当的是名词或动词。

充当名词的英语拟声词:

rat-tat-tat 叩击声

drip-drop 滴答声

充当动词的英语拟声词

chug-a-lug 咕嘟咕嘟地喝

pip-pule 叽叽喳喳地叫

一般来说,英语拟声词的动词类用法较多,很多名词拟声词也可以转化成动词拟声词。

---

① 薛贝贝.英汉拟声词差异和拟声词的英语修辞功能[J].新西部(下半月),2009,(8):131.

二、英语 Parody 与汉语仿拟

(一)英语 Parody

英语中的 Parody 源自古希腊,在亚里士多德时代就已经出现,指的是一种对现有诗歌风格进行模仿的诗体。Parody 与历史有着密切的关系,随着时代的变迁,其概念也在发生改变。但综合看这些历代的概念,其都包含一个共同的特点,即都认为 Parody 是幽默、滑稽的修辞方式,通过对其他作者的词、句子、段落等进行仿拟,传达一种嘲讽、娱乐之感。

现如今,Parody 这种修辞手段是通过对各种格言、成语、言语等进行故意模仿,修改其中的部分词语来融入自身作品之中,保障自身作品的感染力与表现力。例如:

To the Mondavi brothers, wine was thicker than blood. They feuded bitterly over control of Charles Krug Winery.

对于蒙特维兄弟而言,酒浓于血,他们因争夺查尔斯·库勒格酿酒厂,忘了手足之情,反目成仇。

在这里,wine was thicker than blood 是对 blood is thicker than water 的仿拟,其一针见血地揭示出蒙特维兄弟之间固有的那种矛盾,是对他们追求利益、忘记恩义的一种调侃与讽刺。

(二)汉语仿拟

汉语中的仿拟现象最早在秦汉时期出现,这种修辞现象非常普遍,但是并未作为一种修辞格呈现。直到 20 世纪 20 年代,仿拟才被作为修辞格出现在汉语中。所谓仿拟,即故意仿拟特种既成形式,从而实现嘲弄讽刺的目的。例如:

满心婆理而满口公理的绅士们的名言暂且置之不论不理之列。

上例中,"婆理"仿拟自"公理",将绅士们自身的那种口是心

非的姿态展现出来。

(三)二者差异

从表面上看,英汉仿拟是对应的,但是由于英汉两种语言属于不同的语系,因此在语法上二者也存在明显的差异,具体而言表现为如下几点。

1. 英语仿拟常常隐去本体

与汉语仿拟相比,英语仿拟往往会隐去本体,在运用仿拟时一般需要具备两大条件。

其一,本体是家喻户晓的。

其二,读者具有较高的文化功底,能够从自身的文化知识出发判断出仿拟的本体。

如果不具备这两大条件,那么这样的仿拟就毫无意义了。相比之下,汉语是较为灵活的,可以将本体隐去,也可以让本体与仿体同时出现,这种同时出现的是汉语仿拟的典型格式,目的是体现出彼此衬托与照应。例如:

To Arm or Not to Arm—That is the Question.

这是一句众人皆知的名言。读者一看到就会自然想到本体,即莎士比亚的《哈姆雷特》中的语句。

2. 英语仿拟存在特定的词缀仿词

英语属于表音文字,其形态理据性要比汉语更为强烈,具体的表现为英语中存在大量的派生词与复合词。因此,英语仿拟存在一种特定的词缀仿词方法。例如:

He had a clean-ceavatish formality of manner and kitchen-porkerness of carriage.

他着装整洁,举止得体,如同厨房中的火钳一样站得笔直。

上例中,clean-ceavatish 仿拟本体为 clean cravat,即意思为"整洁的领带";kitchen-porkerness 仿拟本体为 kitchen-porker,意思是"厨房里面的火钳"。这种仿拟并不是创造出新词,而是在本体的里面添加词缀,只呈现在英语中。

3.汉语仿拟可以实现"一本多仿"

汉语仿词有明显的"一本多仿"的情况,即在同一个句子或者同一个段落中,同时出现多个以一个本体仿拟来的仿体。这在汉语中较为常见,但是英语中很少。例如:

这哪是"抓点",明明是"吃点、喝点、拿点"啊!

上例中,"抓点"为本体,并仿拟出了"吃点、喝点、拿点",这就是典型的"一本多仿",是排比句式,是对一些领导干部不廉洁的讽刺。

三、英语 Pun 与汉语双关

(一)英语 Pun

英语中的 Pun 源于拉丁语,意思是"以不同的名称来称呼",是一种通过同音异义或同形异义的方式传达一种幽默之感。在英语的修辞格中,Pun 的使用是较早的,在莎士比亚的作品中就运用了 3 000 多处双关。现代的 Pun 已经没有了莎士比亚时期的高雅与严肃,变得较为诙谐与通俗。由于 Pun 能用于营造气氛,因此在英语中的运用也较多。一般来说,英语中的双关有两种。

1.同音同形异义词

同音同形异义词即同一个词但是表达不同的意义,或与其他词进行搭配时传达出不同的意义。例如:

To English will I steal, and there I'll steal.

我溜进英国行窃。

上例中虽然使用了两个 steal,但是意义是不同的,前者是"溜进"的意义,后者为"偷窃"的意义。这两个 steal 的运用传达出了双关的效果。

2.同音异形异义词

同音异形异义词即读音相同但拼写不同、意义不同的双关。例如:

Seven days without water makes one weak.

不折不扣的七天构成了一周。

七天不喝水使人虚弱无力。

对于上例,weak 与 week 是同音异形词,构成双关,可以理解为上述两种含义。但是,具体是哪一种,往往需要根据上下文来定。

(二)汉语双关

汉语双关是运用一个词、一个句子对不同的两层意思加以表达,使语言更显得幽默风趣,或者说的是此但意义表达的是彼,从而对语义予以加强。一般来说,汉语双关包含两类。

1.谐音双关

所谓谐音双关,是指运用相同的音或者相近的音来构成的双关。例如:

道是无情却有晴。

上例中,"情"与"晴"就属于谐音双关,从表面上看,"晴"代表的是一种天气,实际上表达的是对郎君的情谊。因此,其与"情"有同工之妙。

2.语义双关

所谓语义双关,是借助词语一词多义的特征来进行表达的,即表层含义与深层含义是两回事。例如:

这些年喝这些苦药,我大概是喝够了。

显然,"苦药"一词表层含义是用来治病的药,在这里却表达出其深层意义,即指的是人生中的苦闷,是一种人生的苦药。

(三)二者的差异

由于英汉双方的思想方式存在明显的分歧,即西方人重视分析,中国人重视综合,因此在双关语的运用上有明显的不同。

首先是含蓄与直接的差异。众所周知,中国人性格较为内敛。思维方式是螺旋型的思维,因此在双关的使用上并不会借助词语的多义性,而是由词的进一步引申来实现的。相比之下,西方人性格独立,思想也较为开放,因此是直线型的思维。在双关的运用上,西方人注重面对面沟通,目的是通过幽默的方法让对方理解。英语中的双关一般将英语词本身的多义性作为前提。

其次是意味深长与自我解嘲的差异。汉语的双关不仅是为了营造幽默的效果,还往往话里有话,给人以意味深长之感。相比之下,英语往往多是为了营造幽默的氛围。

四、英语 Repetition 与汉语反复

(一)英语 Repetition

英语的 Repetition 是对同一词、句、段的重复,目的是对情感的突出与强调,以使听者产生共鸣。Repetition 除了包含连续反复与间隔反复外,它的分类更为详细,很多学者对其观点不一。一般可以从重复的位置、词的变化形式、词义三个层面来进行划分。

(1)根据反复的位置,Repetition 的位置可以划分为如下几种。

其一,首语反复,即在两个及以上的诗行、分句或句子的开头等进行词语或词组的重复。这一反复形式最为常见。

其二,尾语反复,即在连续的诗行、分句或句子的尾部进行单词、短语等的重复。

其三,首语反复+尾语反复,即一个句子的首尾部分与后面

句子的首尾部分相同。

其四,首尾反复,其与前者不同,即一个句子的首尾使用相同的部分,这一反复会给人留下深刻的印象,尤其常见于俗语之中。

其五,尾首反复,即前面一个句子的尾部与后面一个句子的首部相同,这一反复的成分与汉语"顶针"类似。

其六,逆转反复,即按照颠倒的词组对某一个词或短语进行重复,这样的重复会使得语言更为活泼清新,也可以将语言之间的相互关系揭示出来。

(2)根据形态变化与语义,英语的 Repetition 可以划分为以下两类。

其一,同根词的反复,即同一个词位于同一个句子中,通过不同的词形变化、格、语态变化等形成修辞上的反复,这属于词汇形态层面的反复。

其二,同词异义反复,即同一个词通过相同或者相近的语法形式在同一个句子中以不同的词义进行反复,这是语义层面的反复。

可见,英语中的 Repetition 要比汉语中的反复更为复杂。

(二)汉语反复

汉语修辞学着重研究的是所反复的语言单位的连续或者间断,并将反复划分为两类:一类为连续反复,另一类为间隔反复。连续反复又可以称为"紧接反复",即将反复的部分连续说出的一种反复形式,中间不添加其他的词或句子,因此这种反复又可以进一步划分为词的连续反复、句子的连续反复、词组的连续反复。间隔反复又可以被称为"隔离反复",指的是反复的词语与句子中插入其他的词、句子等,因此这类反复也可以进一步划分为隔词反复、隔词组反复、隔句子反复、隔段落反复、首尾反复等。

除此之外,汉语中也有一些特殊的反复修辞,由于古汉语中单音词具有较大的使用比重,字又是汉语中最小的语义单位,因此对字的反复是汉语反复的一大特点。例如:

中吃中看中国菜

上例"中"得以反复使用,呈现一种和谐匀称与音律美。但是,前面两个"中"代表的是"中意",后面的"中"则是专有地名,是对语气的加强。

第四章 文化领域下的英汉数字词与颜色词比较研究

无论是何种语言,数字词、颜色词都是其重要的组成部分。从语言学科来说,数字、颜色都是非常特殊的领域,数字词和颜色词不仅明确地传达了数字、颜色的概念与内涵,还蕴含着各自的文化。在中西方不同的文化中,同一数字、同一颜色所代表的含义可能存在明显的差异,并且这些数字词、颜色词所衍生的联想意义也有所不同。基于此,本章就从文化视角审视英汉数字词与颜色词,重点解析英汉数字词与颜色词的差异。

第一节 文化领域下的英汉数字词比较

数字是中西方文化中重要的一部分。人们的日常生活几乎离不开数字,因此中西方产生了很多与数字相关的语言。但是,中西方对数字的理解与信仰存在明显差异。本节就对文化领域下的英汉数字词进行比较分析。

一、英汉数字词的发展比较

受不同的文化传统与思维模式差异的影响,英汉民族对数字词的偏好也明显不同,这些不同体现在英汉数字词的发展过程中,并展现了不同的特色。

第四章 文化领域下的英汉数字词与颜色词比较研究

（一）英语数字词的发展

数字 one 在英语中是作为开始出现的。

数字 two 代表伴侣与伙伴。

数字 three 代表神圣。

数字 four 代表能够被肉眼感知到的物体。

数字 five 代表人的五官。

数字 six 代表不全面、不可以实现或达到的目标。

数字 seven 代表完全。

数字 eight 代表复活与再生。

数字 nine 代表灵魂与美德。

数字 ten 代表统一与完整。

（二）汉语数字词的发展

"零"是非常具有矛盾性的一个数字，既可容纳万物，也可充满虚无，一切事物也都是从"零"开始的，而最后又归结于"零"。

数字"一"代表第一位。

数字"二"代表和谐与美满。

数字"三"代表多。

数字"四"代表平稳与稳定的四方。

数字"五"代表抽象与神秘。

数字"六"代表顺利。

数字"七"代表杂乱无章。

数字"八"具有特殊属性。

数字"九"代表至高无上。

数字"十"代表完美。

以上是数字最基本也是最常见的含义，从中可以看出中国的数字有着自身的特色。

二、英汉数字词的功能比较

从功能上说,英汉数字词在标记与指代功能、概括功能、构词功能以及计数、标量和表示比例等层面存在明显的差异。

(一)标记和指代功能

作为一种被人们广泛使用的符号,数字词无论在英语中还是在汉语中,都具有指代与标记的功能。例如,英语中有很多与数字相关的表达。例如:

play eleven 用于指代"踢足球"
five 常被人们用来指代"篮球队"
four hundred 常被人们用来指代某一地区的名流

在汉语中也是如此,人们常常使用"略知一二"这样的成语,其中就使用了数字"一""二",并且这里的"一""二"并不是指代具体的数字一和二,而是指代事情的头绪、缘由等情况。同时,汉语中的"二百五""半吊子"同样不是指代具体的数字,而是指代那种想法简单、办事不牢靠的人。

(二)概括功能

英汉数字词都具有一定的概念功能,这也是数字词最基本的功能。例如,在英语中,存在 big four 这一短语,其是劳埃德、巴克莱、米德兰以及国民威斯敏斯特四大银行的统称。

在汉语中也存在与数字相关的概括表达,如"五行",其代表的是金、木、水、火、土。当然,类似的表达还有很多。例如:

六畜:猪、牛、羊、马、鸡、狗
五讲:讲文明、讲礼貌、讲卫生、讲秩序、讲道德
四美:心灵美、语言美、行为美、环境美

（三）构词功能

无论在何种语言中,数字在参与构词时都是比较活跃的组成部分,并且无论是在英语中还是在汉语中,参与构词的功能都是较为相似的。但是具体来说,汉语中数字的构词功能要明显强于英语中数字的构词功能。在英语中,数字参与构词的功能较弱,具体来说就是很多英语数字在汉语中能找到与之对应的成分。

相比之下,汉语中有些数字词语就很难在英语中找到与之对应的成分。以"一"为例来说,其在《现代汉语词典》中就有263个词语,在《汉语词典》《中国成语词典》中更多。

（四）计数、标量和表示比例的功能

英汉数字具有标量、计数等功能。通过这些数字,人们可以把握数量的多少、距离的远近等数字词的计数、标量和表示比例的功能,对于人们的生活、工作等都有着十分重要的影响,也有助于科学研究与文化的传承与发展。

三、英汉数字词的文化内涵比较

由于英汉民族对数字词的偏好不同,引申出的数字词的文化内涵也存在明显的差异。下面就对一些具体数字词的文化内涵进行比较。

（一）one 与"一"

1. 英语文化中的 one

英语中的 one 是所有数字中的第一个数字,其被视为"万数之首"。

（1）英语中的 one 代表开始,是万物的起源。例如,西方毕达哥拉斯学派曾经就试图用数字对一切进行解释,并认为 one 是万物的本源,并从数产生出点、线、面、体等。

（2）英语中的 one 可以代表"统一""同一"，代表的是一致的概念。例如：

one and the same 同一个

at one 完全一致

（3）英语中的 one 可以代表"少"的概念。例如：

One flower makes no garland.

一朵花做不成花环。

2. 汉语文化中的"一"

在中国，从古代到今天，中华民族经历了太多的分分合合，从分裂走向联合，并且每一次的联合不仅是力量的凝聚，更是人们意志力的团结。中华民族在政治上逐渐实现高度的统一。显然，"一"在人们的思想中是非常重要的，当然这对英语民族来说也是如此。下面具体分析"一"的含义。

（1）汉语中的"一"可以代表开始。例如，老子在《道德经》中说道："一生二，二生三，三生万物。"在老子看来，一切事物都包含有"一"的性质或者成分。

（2）汉语中的"一"可以代表"统一""同一"。例如，"万众一心"的说法是数字"一"的运用。

（3）汉语中"一"可以代表"少"的概念。例如，在汉语中有"一目十行"等说法。

除了上述相似之处外，英语中的 one 与汉语中的"一"也存在一些明显的不同。例如，汉语中"一"可以和一些词语搭配产生新的意义，但是这些意义在英语中很难找到相对应的成分。例如：

一旦 once

一马当先 to go far ahead the others

（二）two 与"二"

1. 英语文化中的 two

英语中的 two 既有消极的意义，也有积极的意义。

第一,英语中的 two 可以代表人神的结合。例如:

Two's company, three's none.

两人结伴,三人不欢。

第二,英语中"死亡"一词是 die,而 dice 是 die 的复数形式,因此在英语民族眼中,two 代表的寓意是不详。例如,古罗马人将 2 月份视作祭奠日;毕达哥斯拉将"2"视作"邪恶、不和"。

另外,由于两美元的钞票很容易让人想到纸牌中的 deuce(厄运),因此美国人常常将两美元的钞票撕掉一角,期望能够摆脱厄运。例如:

It makes two to tango.

有关双方都有责任。

Two of a trade never agree.

同行是冤家。

2. 汉语文化中的"二"

在汉语中,从哲学上来说,我国古代神话传说中盘古开天辟地,将原始混沌一分为二。在这种二元思想的影响下,中国人将偶数视为吉利和美的数字,并给予了"二"很多美好的寓意。

第一,"二"常用于名字上。为了追求好的运气,中国人常使用"双""对"这样的字,如李对红、李双双、李小双等。

第二,"二"常用于成语中。例如,汉语中有很多与"二"相关的成语,并且与美好、吉利联系起来,如"两全其美""比翼双飞""智勇双全"等。

第三,"二"也常用于传统佳节中的赠礼,一般送双份礼物,表达对礼物赠送对象的祝福。中国的诗歌也非常看重对偶、对仗等修辞。同时,中国建筑的布局也多为对称格局,这体现了汉民族对双数是非常看重的。

当然需要指出的一点是,"二"还有一些负面的意义。例如,说某人是"二愣子",就是说他"傻"。

（三）three 与"三"

1. 英语文化中的 three

受古希腊、古罗马神话的影响，西方文化中的 three 是尊贵的代名词。例如：

All great things go by threes.
所有好事都以三作为标准。
Number three is always fortunate.
第三号一定运气非常好。

可见，three 在西方人眼中是一个完美的数字，深受人们的喜爱。

2. 汉语文化中的"三"

对于数字"三"，中国人认为"三"代表"多"，具有多数、多次的含义。例如：

三番五次

三令五申

三人行必有我师焉

三个臭皮匠，赛过诸葛亮

除了这一点，"三"还有神圣、圆满的含义，是吉祥的象征，这一点在中国的礼节中多有呈现。例如：

三叩首：结婚时，夫妻需要敬拜

三呼万岁：古代臣子面见皇帝时高呼的口号

三纲：古代的君臣关系、父子关系、夫妻关系

三族：祖孙三代，即父、子、孙

另外，数字"三"与"生"谐音，在粤语中体现得更为明显，因此中国广东人、香港人特别喜欢"三"，在挑选号码时也都崇尚这个数字组合。例如：

"13"：一生

"1314"：一生一世

"5201314"：我爱你一生一世

（四）four 与 "四"

1. 英语文化中的 four

在西方文化中，four 是非常受人们欢迎的，其与 three 一样，被认为是方形的代表，因此是非常全面和稳固的。在西方人看来，人们生活的世界都离不开 four 这个数字，因此也诞生了很多与 four 相关的词语。例如：

four leaf clover 幸运草

on all fours 完全吻合

foursquare 诚实坦率的

2. 汉语文化中的 "四"

在中国文化中，"四" 与 "死" 谐音，因此中国人对于 "四" 这个数字是极度厌恶的。人们在选择门牌号、车牌号时，也避开这个数字。在一些喜庆的场合，人们也会避讳这个数字。例如：

"十四"：实死

"五十四"：吾实死

另外，在日常语言中，人们会经常运用一些与 "四" 相关的变异的表达。例如：

四面楚歌：四面都有敌人，表达一种孤立无援的情况

四眼鸡：戴有色眼镜的人

需要指出的是，"四" 也不是完全都是贬义，也存在褒义颜色，表达一种齐全与圆满，如 "四平八稳"。

（五）five 与 "五"

1. 英语文化中的 five

英语中与 five 相关的习语并不多见，因为西方人认为 five 这个数字很不吉祥。并且，英语中 five 的构词能力与其他数字相比

较而言较弱。但是,英语中的Friday这个单词的用法与意义很多。例如:

Girl Friday 得力助手(尤指女秘书)

Man Friday 男忠仆

2. 汉语文化中的"五"

在汉语中,数字"五"有着特别重要的意义。在中国古代,有"五行"之说,即"金、木、水、火、土"这五大元素。在这五行之中,五大元素相克相存。同时,"五"在数字一到九中居于中间,是奇数,也是阳数。五行相克展现了中华民族的辩证思维,呈现的也是汉民族的价值观,具有深远的哲学意义。另外,汉语中与"五"相关的说法有很多。例如:

五官:耳、眉、眼、鼻、口

五常:仁、义、礼、智、信

五味:酸、甜、苦、辣、咸

五义:父义、母慈、兄友、弟恭、子孝

五服:斩衰、齐衰、大功、小功、缌麻

五音:宫、商、角(jué)、徵(zhǐ)、羽

此外,数字"五"常与其他数字并用,如"三五成群、五湖四海、三皇五帝、五花八门"等。

总体来看,汉语中数字"五"的意义一般为褒义的,但是也有人因为数字"五"与"无""乌"的发音相似而讨厌数字"五"。

(六)six 与"六"

1. 英语文化中的 six

在西方文化中,six 与中国的"六"的寓意完全相反。在西方人眼中,six 是一个凶数。英语中与 six 相关的习语大多都具有贬义。例如:

six of one and half a dozen of the other 半斤八两

at sixes and sevens 乱七八糟

hit sb. for six 给……以毁灭性打击

be six feet under 归西

2. 汉语文化中的"六"

在中国文化中,数字"六"与"禄"谐音,因此寓意平安、福禄,被中国人视为吉祥与顺利。从古至今,人们都喜欢用"六"来表达美好的事情与事物。例如:

身怀六甲:古代妇女怀孕

六合:天、地、东、南、西、北

六畜兴旺:各种家禽、牲畜繁衍兴旺

现如今,人们在生活中也会选择与"六"相关的数字,甚至会不惜花钱买这样的数字组合。例如:

"168":一路发

"66899":路路发久久

(七) seven 与 "七"

1. 英语文化中的 seven

在西方文化中,seven 是一个十分吉利的数字,含有圆满、幸运的意思。这是因为上帝用七天创造了世界,圣母玛利亚有七件高兴的事情。所以,西方文化中的善事、美德等都与 seven 有着紧密的联系,并且诞生了很多与 seven 有关的习语。例如:

Keep a thing seven years and you will find a use for it.

东西保存时间长了,总会派上用场的。

另外,人们熟悉的一些品牌也都用上了 seven。例如:

Seven friday 手表品牌

Seven Stars 七星服饰

2. 汉语文化中的"七"

在中国人眼中,"七"是比较忌讳的,如人死后的第七天被称为"头七",七七四十九天会还魂,家属需要告慰亡魂。正是有着这样的寓意,因此中国人避讳送礼送七件,而往往选择八件。

在办喜事时,人们也不会选择有"七"的数字,宴席也不会用七道菜等。

农历七月七是中国人熟知的日子,但是在这样的日子中,人们是不会选择办喜事的,这源自牛郎与织女的典故。因为每年这一天,牛郎与织女会相会,人们相信如果这一天下雨,那么必定是二人的眼泪,表达一种伤心之情。另外,与"七"相关的很多习语也都包含贬义。例如:

七拼八凑:胡乱凑合,将零落的东西胡乱凑起来

七零八落:零散的样子,原来整齐的东西现在更零散了

(八)eight 与 "八"

1. 英语文化中的 eight

在西方人眼中,竖立摆放的"8"是幸福,横着摆放的"8"是无穷,二者相加则代表"无穷无尽的幸福"。因此,人们争相追逐"8",甚至会影响到生子的时间。

在西方文化中,eight 的谐音也具有褒义,是一个吉祥的数字。同时,由于"8"是由两个"0"构成的,因此被认为对两性具有特殊的意义,是和谐稳定的符号。

2. 汉语文化中的"八"

中国人眼中的数字"八"象征着满足,无论是工作上的满足、生活上的满足,还是名誉上的满足等。在民间,数字"八"的谐音也很丰富,并受到人们的欢迎,尤其很多商人为了博取好彩头,不惜代价买与"八"或"8"相关的东西。例如:

"158":要我发

"918":就要发

"888":发发发

另外,数字"八"还是"四"的倍数,因此有了完美、周到的含义。例如:

才高八斗:一个人知识丰富、文采卓越

八菜一汤：用来招待客人的传统礼节

（九）nine 与"九"

1. 英语文化中的 nine

在西方人眼中，nine 是"神数"，与 three 有着同等重要的地位，并且 nine 是 three 的三倍，而任何事强调"三位一体"，这才能达到一个完美的统一，因此 nine 有了完美、圆满的意义。例如：

nine pins：保龄球的九个瓶装木柱

a cat has nine lives 猫有九命

2. 汉语文化中的"九"

在中国古代文化中，数字"九"被认为是数之极，即"天数"，表达多的含义。例如：

九曲回肠：忧虑到了极点，痛苦到了极点

九重霄：极高的天空

另外，中国古代文化中的"九"还非常神秘，是龙或蛇图腾化的文字，也正因如此才演化出尊贵与神圣的含义。皇帝喜欢用"九"象征自己的权力与地位。例如：

九五之尊：古代帝王的尊位

九宗七祖：祖宗的全称

（十）ten 与"十"

1. 英语文化中的 nine

毕达哥拉斯学派指出，在自然数中，"十"是前四个自然数相加所得的数字，是完美、全体的象征。在英语中，与 ten 相关的表达有很多，并且有着特别的意义。例如：

the upper ten 社会精英

ten to one 十之八九

2. 汉语文化中的"十"

在汉语中,"十"代表十全十美,并且汉语中有很多与"十"相关的成语,如"十全十美""十年树木"等。

可以说,数字"十"是中国人民族性格的一个重要组成部分,这体现在很多方面。例如,北京有"十里长街",南京有"十里秦淮",上海有"十里洋场",花有"十大名花"等。

第二节　文化领域下的英汉颜色词比较

由于中西方文化在很多层面存在差异性,这导致英汉两种语言也各具特色,表达形式纷繁复杂。其中,颜色词所蕴含的象征意义的不同就是中西文化差异的一种明显的表现。在各种交流中,人们会经常使用各种颜色词,但是为了避免交流障碍,首先应该了解这些颜色词在不同语言的差异性,并了解这些颜色词背后隐含的意义。

一、英汉颜色词的偏向性比较

受文化环境的影响,不同地域的人在颜色偏向上存在明显不同。

(一)西方人关于颜色的偏向

在西方,不同的国家对颜色有着不同的偏好。埃及人对于明显的色调是非常推崇的,认为白底或黑底上面的绿色、橙色、红色等是很搭配的颜色,但是他们对紫色、黄色特别厌恶,认为这些颜色代表着死亡或者丧葬。摩洛哥人喜欢黄色与粉红色,认为这是吉祥的颜色,厌恶白色,认为白色代表着丧葬与贫穷。法国人、比利时人认为蓝色不吉利,因此厌恶蓝色。意大利人对于艳丽的颜色是非常喜欢的,认为紫色代表着消极。

(二)中国人关于颜色的偏向

中国人对于红色是非常偏好的,认为红色代表着喜庆、吉祥如意,但是忌讳白色,因为在中国人眼中,白色代表的是贫困,有丧葬的意思。

二、英汉颜色词的分类比较

不论是在哪一种语言中,颜色词大致可以划分为两类:一类是基本颜色词,另外一类是实物颜色词。前者是对事物颜色的单纯描写;后者不仅对实物的颜色进行描写,还对具备相同颜色的一类事物进行描写。由于文化差异的存在,不同语言对颜色词的划分也明显不同。这里仅就基本颜色词进行分析。

(一)英语颜色词的分类

西方语言学家对颜色词进行了划分,著名学者博林(Berlin)通过对98种语言进行分析和探究,认为英语中包含11个基本颜色词,即white、black、red、green、yellow、blue、brown、purple、pink、orange、grey。

在英语中,这些基本颜色词也可以进行细分。与汉语的划分相比,英语的划分更为细腻。以上面所说的红色为例,汉语能够划分40多种,而英语可以划分100多种,以c开头的就有20多个,如carmine、carnelian等。

(二)汉语颜色词的分类

我国著名的学者王逢鑫教授在《英汉比较语义学》(2001)中指出,汉语语言中的颜色包含8种基本颜色:白色、黑色、红色、绿色、黄色、蓝色、褐色、紫色。但是,除了这些基本颜色之外,汉语中还有一些边缘色,如"青色"。在不同的语境中,青色有不同的含义,可以理解为绿色,如"青草";可以理解为蓝色,如"青衫";可以理解为黑色,如"青丝"。正是由于一个颜色有这么多的含义,因此很容易产生歧义。

此外,汉语基本颜色词也可以进行细分。就红色来说,汉语中可以划分为40多种,如大红、水红、绯红、嫣红、鲜红等。

三、英汉颜色词的构成比较

英汉颜色词都非常丰富,而在构成上,二者有着明显的差异及其特征。

(一)英语颜色词的构成

英语中的颜色词非常丰富,具体而言包含以下两种。

1. 简单颜色词

在简单颜色词中,常见的主要是11种基本颜色词,这在之前已经论述过,这里就不再赘述。除了这些基本颜色词,还有一些是由动植物、自然现象、矿物等转化而来的,具体论述如下。

(1)源于动物。例如:

dove 鸽子→浅灰

canary 金丝雀→鲜黄色

(2)源于植物。例如:

olive 橄榄→橄榄绿

apricot 杏儿→杏黄色

(3)源于矿物。例如:

lead 铅→青灰色

copper 铜→铜色

vermilion 朱砂→朱砂色

(4)源于珠宝。例如:

sapphire 蓝宝石→宝石蓝

ruby 红宝石→宝石红

（5）源于食物。例如：

wine 葡萄酒→红葡萄酒色

butter 黄油→淡黄色

（6）源于自然现象。例如：

sunset 日落→晚霞色

frost 霜→霜白色

2. 合成颜色词

在英语中，还存在着很多合成颜色词，即由动植物名、人名、地名等合成的，或者是由形容词加上基本颜色词、化学物质名等合成的，或者是基本颜色词加上名词、形容词等合成的，具体论述如下。

（1）植物名＋基本颜色词。例如：

olive gray 橄榄灰

lemon yellow 柠檬黄

（2）动物名＋基本颜色词。例如：

lobster red 龙虾红

eel green 鳝青

（3）金属化学物质名＋基本颜色词。例如：

silver white 银白

chromium green 铬绿

（4）金属化学物质名＋实物颜色名词。例如：

silver peony 银色牡丹色

radium vermilion 镭珠红

（5）名词＋基本颜色词。例如：

bottle green 瓶绿色

air force blue 空军蓝

（6）地名＋基本颜色词。例如：

Turkey umber 土耳其浓茶色

Berlin white 柏林白

（7）人名＋基本颜色词。例如：

Argyle purple 阿盖尔紫

Turnbull's blue 滕氏蓝

（8）形容词＋基本颜色词。例如：

tender green 嫩绿

royal pink 深红

（9）形容词＋植物类颜色词。例如：

sheer lilac 透明丁香色

light chestnut 浅栗色

（10）形容词＋化学物质名。例如：

light sulphur 浅硫黄色

deep cobalt 深蓝色

（11）形容词＋color。例如：

tender color 柔和色

local color 乡土色

（12）形容词＋植物类颜色词。例如：

light rose violet 浅玫瑰紫色

deep violet lotus 深紫莲色

（13）两个形容词＋基本颜色词。例如：

oil clean yellow 油橘黄

neutral dark brown 中性深棕色

（14）两个形容词＋非基本颜色词。例如：

power rose dust 藕灰色

milling brilliant violet 磨亮紫色

（15）基本颜色词＋-ish＋基本颜色词。例如：

yellowish pink 黄粉红色

grayish pink 灰青红色

（16）基本颜色词＋形容词。例如：

yellow deep 暗黄色

purple deep 暗绛红色

（17）基本颜色词＋名词。例如：

yellow cream 嫩黄色

red wood 红棕色

虽然英语中基本颜色词占有较小的比例,却有着较高的使用率。英语中的基本颜色词能够以多种词性在句子中出现。能够采用多种语言辅助手段与语言表达相符。也就是说,这些基本颜色词不仅有名词、形容词的词性,还有动词、副词等词性。虽然数量不如汉语的多,但是使用率很高,也具有较强的表现力。同时,有时候英语中颜色词会发生词形变化,从而保证其多词性。例如：

She is a black woman.

The smoke had blackened the white walls of the kitchen.

第一个 black 为形容词,第二个例句中在 black 后添加 -en,使其变成动词。

(二)汉语颜色词的构成

汉语中也有着丰富的颜色词,这可以从《红楼梦》这部文学巨著中看出来。据统计,《红楼梦》中关于颜色的词多达 55 种。

在汉语中,颜色词的构成可以分为以下两类。

1. 独立构成的颜色词

一般来说,这类颜色词可以单独使用,如果在这类颜色词之前加上定语,那么就可以成为另一种颜色词,新诞生的颜色词被称为"词根颜色词",而基本颜色词属于其中的一种,如图 4-1 所示。

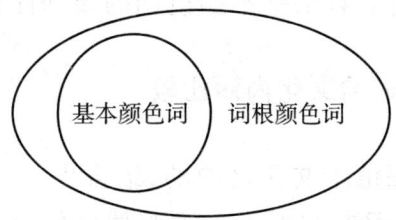

图 4-1　词根颜色词与基本颜色词的关系

(资料来源：付铮,2011)

2. 复合颜色词

复合颜色词是由一些修饰成分加之于词根颜色词之上构成的。汉语中,很多颜色词都是基于基本颜色词建立起来的,也就是说基本颜色词是衍生后的其他颜色词的核心。这些衍生后的颜色词构成了一套相对应发展的词群。

基本颜色词不仅可以单独使用,也可以与"色"字相结合。对于一件物品的描述,可以说成红的、黄的,也可以说成红色的、黄色的。另外,基本颜色词中的一些词可以进行叠加,即紫色与红色可以组成紫红色,黑色与绿色可以组成黑绿色。

具体来说,汉语中的复合颜色词有三大构词特征。

(1) 可以重叠,即组成 AA 形式,如"黑黑的""红红的"等。

(2) 可以组成 ABB 形式,如"蓝晶晶""红彤彤"等。

(3) 可以组成 A 不 XY(X) 形式,如"绿不拉几""黑不溜秋"等。

另外,一些颜色词加上修饰成分,会形成新的颜色词,如"暗绿""大红"等。

不得不说,汉语中的基本颜色词不只有一种词性,可能会充当名词、动词、形容词等。例如:

绿柳树。

经过多次的努力,它终于绿了。

绿色是植物的一种基本颜色。

上述三个例子中,"绿"依次充当了形容词、动词、名词。通过这个例子可以明显看出基本颜色词的多词性特征。

四、英汉颜色词的文化内涵比较

人类的语言深植于文化之中的,语言也是文化的反映。作为语言的构成部分,词汇有着十分重要的地位,而颜色词是其中最为活跃的成分。这里以基本颜色词的对比入手,分析英汉基本颜色词的差异。

（一）black 与黑

对于"黑",《说文解字》中是这样解释的：黑,火所熏之色也。《辞海》也对其进行注释,将其解释为煤炭一般的颜色。

英语中《朗文当代高级英语辞典》(*Longman Dictionary of Contemporary English*)中将 black 定义为：夜晚或煤炭的颜色 (the dark color of night or coal)。

大体上说,无论在英语还是汉语中,黑色的内涵基本相同。例如,黑色代表着悲哀,在葬礼上,英美人、中国人都习惯穿黑色服装、佩戴黑纱。同时,黑色代表着黑暗、恶势力,如汉语中的"黑帮""黑社会",英语中的 black money（黑钱）,black day（凶日）等。

但是,除了这些相似之处外,关于"黑",英汉两种语言中也存在着一些差异。

1. 英语文化中的 black

与汉语中的"黑"相比,英语中的 black 有其自身独特的内涵。在西方文化中, black 象征着魔鬼与不幸,因此 black 在西方人的眼中是一种禁忌颜色,出现这一颜色,就意味着灾难即将到来。例如：

black words 不吉利的话

black death 黑死病

black man 恶魔

blackmail 敲诈

black sheep 败家子

除此之外, black 还有愤怒的意思。例如：

a black look 怒气冲冲地看着

black in the face 脸色铁青

2. 汉语文化中的"黑"

在中国古代,黑色是尊贵的代表,也是铁面无私、阳刚正义的化身,蕴含着褒义的颜色。尤其在戏剧脸谱中,佩戴黑色脸谱的人象征着憨直与刚正不阿。

另外,由于黑色本身有黑暗的意思,因此其也有贬义的一面,是恐怖、阴险的代表。例如:

黑心肠:阴险毒辣的人

黑名单:持有不同政见的人的名单

走黑道:干违法的勾当的人

黑店:干杀人越货勾当的人

黑市:进行非法交易的地方

黑钱:利用非法的手段获得的钱财

(二)white 与白

对于"白",《说文解字》中是这样解释的:白,西方色也。《辞海》认为"白"如同雪一样。

英语中《朗文当代高级英语辞典》将 white 界定为:牛奶、盐、雪一样的颜色(the color of milk, salt and snow)。

1. 英语文化中的 white

对于 white,西方人除了用其表达真正意义的"白",还将其化身为高尚、纯洁、吉利、公正的代名词。在西方人眼中,白色是令人崇拜的颜色。

正是由于白色象征着纯洁、光明、和平、善良等,因此英语中有很多与 white 相关的词语。例如:

Snow White 白雪公主,是善良、聪明的化身

white wedding 穿着白色婚纱的婚礼,主要是新娘的装束

white sheep 白色的绵羊,指善良、美好的东西

white man 高尚的人

white soul 心灵纯洁

white handed 正直的人

当然,西方的 white 并不完全都是用作褒义的,也可以用作贬

义。例如：

white feather 懦弱,不是指代白色的羽毛

white hot 愤怒的,不是指代白热

white faced 脸色苍白的,不是指皮肤是白色的

2. 汉语文化中的"白"

在汉语中,白色有着不吉祥的寓意,如"白事"就是丧事的意思。一般在办丧事的时候,家里人会贴上白纸、带上白帽、穿上白衣,以表达对逝去之人的尊重与悼念。除此之外,白色还有其他的寓意。例如：

白虎星：旧时候的一种迷信,即给人带来祸患之意

白干：费力不讨好,或者出了力未收到明显的效果

除了这些贬义含义,白色也有着褒义的一面。因为白色代表着明亮、干净,所以人们形容一个人纯洁常说"洁白如玉"。白色还有光明、善良的意思,因此人们称医院的医生、护士为"白衣天使"。

(三) red 与红

对于"红",《说文解字》是这样解释的：红,帛赤白也。《辞海》中认为"红"如血、火一样的颜色。

英语中《朗文当代高级英语辞典》将 red 解释为：血或火的颜色(the color of blood or fire)。

1. 英语文化中 red

在西方文化中,red 与鲜血的颜色是一样的,而鲜血在西方人眼中象征着"生命之液",如果鲜血流淌出来,就意味着生命将会凋谢。因此,red 就有了危险、暴力的含义。著名翻译家霍克斯在他的《红楼梦》译作中,由于知道 red 有这层含义,因此并没有把名字中的"红"翻译成 red,而是采用了《石头记》这一曾用名,即翻译成了 *The Story of the Stone*。

另外,在有些方面,"红"会给人带来厌恶与忧愁之感。例如：

red district 红灯区,即指代城市中从事色情活动的地方

red-tape 官僚作风,指的是办事拖拉、手续烦琐、不讲究效率

red-neck 乡巴佬,指的是美国南部地区的红脖子人群

Red Brigade 红色旅,指恐怖组织,专门从事破坏、暴力、抢劫、杀人等活动。

2. 汉语文化中的"红"

在汉语中,红色代表着高贵,这源于中国古人对日神的崇拜。太阳从东方升起,火红的颜色与高温带给中国古人神秘之感。因此,在古人眼中,红色是值得崇敬的。

在汉语中,"朱红"一般是身份地位显赫的代表,如达官贵人住的地方是"朱门",穿的衣服是"朱衣"。

另外,红色还有忠诚、喜庆、兴旺、温暖的含义,如传统婚礼中的红蜡烛、红盖头,戏曲中的红色脸谱等。可以看出,在中国文化中,红色是受到人们崇尚的颜色,其是中国人物质与精神追求的体现。这也给红色具有了褒义的颜色。例如:

红火:生意热闹、繁华、兴旺

走红:人的境遇逐渐变好,或者生意逐渐顺利、成功

红人:得到上司欣赏和宠信的人

分红:合作做生意而得到的经营利润

红装:女子穿着盛装

红颜:女子较好的容颜

(四)green 与绿

对于"绿",《说文解字》中这样解释:青,东方色也。《辞海》中将"绿"等同于绿色植物的颜色。

英语中《朗文当代高级英语辞典》将 green 解释为:青草或叶子的颜色(the color of grass and leaves)。

第四章　文化领域下的英汉数字词与颜色词比较研究

1. 英语文化中的 green

在英语中，green 的基本含义为茂盛的草木的颜色，寓意青春与和平。在西方文化中，green 有着丰富的内涵，具体来说表现为如下几点。

（1）象征眼红与嫉妒。例如：

green as jealousy 嫉妒，十分嫉妒

green-eyed monster 妒忌

（2）象征精力旺盛、朝气蓬勃。例如：

a green old age 老当益壮

in the green 正值青春

green shoots 茁壮成长的幼苗

（3）象征生疏的、新手的、没有经验的。例如：

green horn 无经验的,易受骗的

green hand 新手

2. 汉语文化中的"绿"

在汉语中，绿色不仅代表生机与希望，还代表着生态与环保。在中国古代的著作中，很多人都用"绿"指代年轻的女子。例如：

绿媛：年轻的女子

绿窗：年轻女子的住所或闺阁

绿鬓：光亮、乌黑的鬓发，也可指代年轻的容颜

同时，在中国古代，颜色与阶层有关，是政治身份的代表。例如，唐代时期，着紫色服装的为三品以上官员，着深绯色衣服的为四品官员，着浅绯色衣服的为五品官员，着深绿色衣服的为六品官员，着浅绿色衣服的为七品官员，着深青色衣服的为八品官员，着浅青色衣服的为九品官员。

近些年，由于资源浪费、环境污染严重，生态出现了失衡的情况，人们越来越关注人与自然的和谐相处。因此，绿色也成为无污染、环保、可持续发展的代名词，如"绿色食品""绿色家电""绿

色能源""绿色出行""绿色奥运""绿色包装""绿色消费"等。再如:

邮政绿色标志:畅通无阻、方便快捷

开绿灯:为人们提供方便的条件

绿色通道:为人们提供快捷的服务

当然,并不是"绿"都具有褒义,其也存在着一些贬义颜色,表达幼稚、卑贱的意思,但是只是占少数而已,如"愣头青""绿帽子"。

(五)yellow 与黄

对于"黄",《说文解字》中这样解释为:黄,地之色也。《辞海》中将"黄"等同于金子或者麦子成熟后的颜色。

英语中《朗文当代高级英语辞典》中将 yellow 解释为:黄油、金子、鸡蛋黄的颜色(the color of butter, gold, or the middle part of an egg)。

1. 英语文化中的 yellow

在英语中,yellow 具有忧郁、猜忌等含义,也有着胆小、卑鄙的意思。例如:

yellow looks 多疑的神色、阴沉的神色

yellow dog 卑鄙的人、卑劣的人

yellow streak 卑怯、胆小

除此之外,yellow 还有无文学价值、趣味低级的意思。例如:

yellow back 廉价的小说

yellow press 黄色报刊

2. 汉语文化中的"黄"

在汉语中,黄色的意义很丰富,而且非常重要。在古代,黄色是五个正统颜色之一,因为黄色意味着大地的颜色,所以代表的是一种尊贵的权力。也就是说,黄色一般为古代君王所有,是中央政权的集中。普通人是不能随便使用这一颜色的。例如:

黄袍：皇帝的衣服

黄袍加身：政权变动

黄榜：皇帝颁发的诏书

黄马褂：皇帝赐给朝臣的官服

除了尊贵之意，汉语中的"黄"还有幼儿、婴儿的含义，如"黄口小儿""黄毛丫头"就是这样的代表。

（六）blue 与蓝

对于"蓝"，《说文解字》中这样解释：蓝，染青单也。《辞海》中将"蓝"定义为天晴朗时天空的颜色。

英语中《朗文当代高级词典》将 blue 定义为：天晴时天空或大海的颜色（the color of the clear sky or of the sea on a fine day）。

1. 英语文化中的 blue

相对于汉语中的"蓝"，英语中 blue 的含义非常广泛。一般来说，blue 可以用来指代忧郁、不快乐的心境。例如：

a blue fit 气愤、震惊，对……不满意

in a blue mood 低沉的情绪

a blue Monday 沮丧难过的星期一

英语中 blue 还可以用于表示权势与地位，是贵族与王室的代名词。例如：

blue blood 贵族血统

a blue moon 难得的机会

blue-eyed boys 受优待的员工

另外，英语中的 blue 在经济用语中也十分常见。例如：

blue chip 热门政权

blue-sky market 露天市场

blue-sky law 蓝法

2. 汉语文化中的"蓝"

在汉语中,关于"蓝"的解释并不多,一般指的是天空或大海的颜色,引申含义为心胸广大、心旷神怡,是对未来美好的一种憧憬之情,如"蓝图"就是最好的例子。

第五章 文化领域下的英汉动物词与植物词比较研究

人类的历史发展与动物和植物惺惺相息,人类的语言中包含着大量的动物词和植物词。语言承载着丰富的文化内涵,相应地,动物词和植物词也蕴含着丰富的文化信息。民俗风情、地理环境对动物词和植物词有着重要的影响作用,而动物词和植物词也能反映其所在的文化背景。在文化领域下,英汉动物词和植物词因文化背景的不同而体现出显著的差异,了解这些差异有利于人们更加深刻地认识英汉文化以及英汉文化之间的差异。本章将对文化领域下的英汉动物词与植物词进行比较研究。

第一节 文化领域下的英汉动物词比较

人们经常会将某些自然现象、抽象概念、社会特征或者人性与动物联系在一起,进而产生了很多具有丰富文化内涵的动物词语。但是基于文化差异,不同国家赋予动物的文化内涵不尽相同。本节将对文化领域下的英汉动物词进行比较分析。

一、dragon 和龙

严格说来,龙与 dragon 只是字面意义相同,实际上中国的"龙"与西方的 dragon 所指的并不是同一个事物。因此,如今通常将中国人引以为傲的"龙"翻译为 Chinese dragon,以区别于英语中的 dragon。

（一）英语文化中的 dragon

英语中的 dragon 源自西方神话，是一个体型巨大、身上有鳞有翅、口能喷火的凶悍怪物，是用来替魔鬼看守财宝的。在现代英语中，dragon 的含义多具有贬义，象征着凶恶与残暴。

（二）汉语文化中的"龙"

不同于英语中的 dragon，汉语文化中的龙享有极高的地位，是中华民族的象征。它经过上千年的演变和发展，不断被注入新的内容，逐渐形成了现在的龙文化。

首先，龙反映了中国古人对自然的敬畏。在中国古人心中，龙就是能够呼风唤雨、法力无边的神，能够主宰自然，深受人们的尊敬和崇拜。

其次，龙是皇权和至高权力的象征。在封建社会，龙被统治者所借用，因此龙就成了帝王的象征，代表着无上的权力。很多与帝王有关的事物都有"龙"字，如"龙床""龙袍""龙体"等。

最后，龙是吉祥的象征。中国人常自诩为"龙的传人"，并且以此为豪，也由此在汉语中衍生出了很多与"龙"有关的词语，如"龙吟虎啸""蛟龙得水"等。

二、dog 和狗

（一）英语文化中的 dog

在西方人眼中，狗是人类朝夕相伴的忠实朋友。狗可以帮助主人打猎、看护家院，俨然成为西方人们生活中的好帮手，也被视为家庭的一员。所以，英文中的 dog 通常用来形容美好的事物，其比喻义几乎都是褒义的。在英语中，以狗拟人的用法相当普遍。例如：

lucky dog 幸运儿

Love me, love my dog 爱屋及乌

like a dog with two tails 非常开心

as sick as a dog 病得很重

但是,如果 dog 前面的修饰语是贬义的,那么构成的短语也是贬义的。例如:

surly dog 脾气暴躁的人

sly dog 阴险的人

dirty dog 卑鄙的家伙

(二)汉语文化中的"狗"

在中国的传统文化中,狗是一种低贱的动物,象征品行不端,是经常受到谩骂的东西,不被人尊重。狗常会引发不好的联想,所以表达狗的词语也经常为贬义。例如:

"看门狗""狗腿子""走狗"比喻恶人坏事的帮凶

"哈巴狗"比喻谄媚的人

"狼心狗肺"比喻恶毒的人心

"狗仗人势"比喻势利的人

但是,狗因为忠实、护主、可靠的特点在汉语文化中也获得了一些赞美。例如,"义犬救主""犬马之劳"均比喻勇敢忠诚的臣民,"狡兔死,良狗烹"用来比喻那些为统治者效劳的人最后反而落得被抛弃的下场。再如,汉语中有一句广为流传的俗语,叫作"儿不嫌母丑,狗不嫌家贫"。又如,在以前生存环境恶劣、物质生活不丰富的社会背景下,农村刚出生的婴儿很多都活不了多长时间,所以人们为了求得孩子的健康成长,就兴起了给孩子以动物名字作为小名的风俗,狗就是其中的一种,像二狗子、狗蛋儿就是典型例子。在中国民间,还流行着"猫来穷,狗来富"的说法,狗是财富来临的预兆。

三、cat 和猫

（一）英语文化中的 cat

猫是一种常见的动物,其常被当作宠物来饲养。在英语文化中,cat 被人们赋予了丰富的联想,既有褒义也有贬义。例如：

a gloved cat catches no mice 比喻人不愿吃苦成不了大事业
like a cat has nine lives 比喻吉人自有天相
care killed the cat 比喻忧虑伤身
cats hide their claws 比喻知人知面不知心
like a cat on hot bricks 比喻很紧张
cat-and-dog life 以吵架度日
purest the cat among the pigeons 比喻招致麻烦的人或物
the cat shuts its eyes when stealing cream 比喻自欺欺人
curiosity killed the cat 好奇害死猫
a cat in hell's chance 比喻没有机会

需要指出的是,在西方国家,人们十分怕见到黑色的猫,尤其对英国人来说,他们认为黑猫与女巫厄运有着紧密的联系。英国古代的传说还认为,黑猫就是邪恶的女巫变化而来的。所以,英语中的 cat 还指"心地狠毒的女人"。例如：

She is a cat.
她是个不安好心的女人。

（二）汉语文化中的"猫"

猫在我国有着相当长的历史,猫可以捕捉老鼠保护人类的庄家,为人类造福,所以中国人十分喜爱猫,一直以来都有养猫的传统,而且赋予了猫美好的文化寓意。

首先,寓意长寿和富贵。因为在汉语中"猫蝶"与"耄耋"构成了谐音,而古代的"耄耋"指长寿的老人,所以小猫扑彩蝶配以红色牡丹这种传统图案在我国往往寓意长寿和富贵。民间还流传着"猫有五福""猫入福地"等说法,"五福"即"长寿""富贵""康宁""好德""善终","五福"合起来就构成了幸福美满的人生,"德"是五福的核心。因此,中国人特别注重乐善好施、救生积德,在一些地区如今还保留着为流浪猫开一扇窗户、留一碗餐食的风俗习惯,甚至有个别地方将"猫"当成神,家家供着"招财猫"。

其次,寓意吉祥。与西方国家不同,在我国猫特别是黑猫寓意着吉祥。道家认为,黑猫为阳性,可以阻止一些害人的鬼怪靠近自己,也可以为主人带来吉祥,所以古代的富贵人家有养黑猫或者摆放相关饰品来辟邪的习惯。

四、cock 和鸡

(一)英语文化中的 cock

在西方国家,cock 除了指"公鸡",还有很多其他文化寓意,具体体现在以下几个方面。

第一,表示"微小的,微不足道的"。例如:
chicken feed 没有意义的小事
第二,表示胆小鬼、懦夫。例如:
He is a chicken.
他是个胆小鬼。
第三,表示首领、主要人物。例如:
cock of the walk 有威望的头领
第四,形容洋洋自得的人,生机勃勃的人。
第五,表示可劫掠的场所,可以榨出油水的地方。例如:
the robbing of hen roosts 敲诈勒索油水

(二)汉语文化中的"鸡"

对于中国人而言,鸡并不是陌生的动物,其随处可见于人们的生活中。由于其微小的体型以及其他特征,其在汉语文化中有着丰富的文化寓意,具体如下。

第一,象征微小、软弱、轻贱。这一文化含义主要源于鸡微小的体型,如"鸡毛蒜皮"表示不重要、不值得一提的事情,"鸡零狗碎"比喻零零碎碎、不成片段,"鸡鸣狗盗"比喻微不足道的技能或人。

第二,用"母鸡"比喻人妻或者女人。例如,"鸡鸣馌耕"表示妇女勤俭治家,"牝鸡司晨"用来比喻妇人篡权干政。

第三,比喻天要亮了,暗指摆脱黑暗的束缚。在中国,鸡意味着守时,"金鸡报晓"表面意思是天要亮了,深层含义是摆脱黑暗的束缚,走向光明。因为古代的计时工具极为简陋,虽然也能记录时间,但无法准时提醒人们,所以每当金鸡报晓,人们就开始了一天的生活。

第四,象征平凡。鸡是人们生活中极为常见的家禽,所以被看成平凡的象征。

五、horse 和马

(一)英语文化中的 horse

在英语文化中,horse 有着极其重要的地位,也有着丰富的文化寓意,具体如下。

第一,英语中与 horse 有关的词语多与赌马或者赛马有联系。在英国古代,马是人们农耕和出行的主要工具,赛马运动和马术深受人们的喜爱,因此很多与 horse 有关的词语都与赌马和赛马有关。例如:

horsemanship 马术,在英国属于一种竞技

horserace 赛马,不仅是一种体育项目,也是一种赌博形式

back the wrong horse 形势的判断错误

ask a horse the question 表示让赛马鼓足全力

dark horse 黑马,表示在赛马时意外获胜,现在也用来比喻在比赛中脱颖而出的一方

第二,形容人力气大。汉语中一般用牛来表示人的力气大,但英语中用马来表示。例如:

John is as strong as a horse 约翰像牛一样的壮

to work like a horse 像黄牛一样卖力干活

talk horse 吹牛

第三,指代普通人。例如:

a clothes horse 人靠衣装马靠鞍

it's a good horse that never stumbles 人有失手,马有失蹄

第四,指代女性。例如:

gray mare 指专权跋扈的悍妇

第五,指人的某些外形特征。例如:

horse-faced 马脸,形容人的脸又长又窄

第六,指代下属。例如:

change horse in midstream 临阵换马

(二)汉语文化中的"马"

马在汉语文化中有着悠久的历史,是古代人们驾车代步、行军打仗的重要工具,而且真诚温顺,和人们的关系十分密切。马的文化含义主要包含以下几点。

第一,指代骑兵和战争。在中国古代,马是战争中不可或缺的战斗力量,被认为一个国家的军事储备和力量,因此很多与马有关的词语多表述备战和战争的场面,如"一马平川""一马当先""单枪匹马""马到成功""汗马功劳""万马奔腾""兵荒马乱"等。

第二,象征圣贤和人才。随着马在军事中发挥的作用越来越大,人们开始重视良马,于是就有了将马视为圣贤和人才的意义,如"千里马"比喻不可多得的人才,"万马齐喑"表示人才被埋没的沉闷局面。

六、bull 和牛

（一）英语文化中的 bull

在英语国家,牛不被当作农家宝,而是一种食物。人们眼中的牛有着满身的缺点。例如:

like a bull at a gate 凶悍、狂怒
a bull in a china shop 闯祸的人、鲁莽的人
throw the bull 说胡话、胡言乱语
John Bull 约翰牛,鲁莽的人、躁动不安的人

（二）汉语文化中的"牛"

中国是一个农业大国,有着悠久的农耕历史,牛对于农耕来说非常重要,被人们当作农家宝。甚至,在《牛郎与织女》这一民间传说中,牛郎与牛相依为命,为主人的幸福奉献自己的故事。

另外,牛有着忍辱负重的意思,如"孺子牛"被认为甘于为人们奉献的人。虽然也有"牛脾气"这样的说法,但是只能说这是一个中性的意思,牛的形象在中国人的心中非常高大。

七、pig 和猪

（一）英语文化中的 pig

英语里的 pig 有生性肮脏、贪吃懒惰的文化内涵,常用来比喻贪婪、肮脏、粗野之人。例如:

eat like a pig 贪婪地大吃大喝
make a pig of oneself 大吃大喝、狼吞虎咽
pigs in clover 行为卑鄙或粗鲁的有钱人
what do you expect from a pig but a grunt 狗嘴里吐不出象牙来

除此之外，pig 在英语中还可作为一个中性词来使用。例如：
buy a pig in a poke 未见实物就买了

（二）汉语文化中的"猪"

在中国文化背景下，"猪"的含义十分丰富，褒贬皆有。

首先，猪是古人最早驯养的家畜之一。猪历来就是农家之宝，老百姓常说"五谷丰登，六畜兴旺"。

其次，猪代表懒惰、肮脏、贪婪和愚笨。因此，汉语中有关猪的词语大都含有贬义，如蠢猪、猪脑、懒得像头猪、肥得像头猪。

八、wolf 与狼

狼是一种分布广泛的杂食性食肉动物，它生性狡诈，常攻击人类所饲养的家畜，有时甚至攻击人类本身，因此一提到狼，人们总会联想到危险、破坏甚至邪恶。可以说，在汉英两种语言文化中，狼都扮演着一种不太光彩的角色。

（一）英语文化中的 wolf

《牛津高阶英汉双解词典》(2001)对 wolf 是这样解释的：A fierce wild animal of the dog family, usually hunting in packs. 由此可见，英语中的 wolf 有"残忍而贪婪"的特征。具体而言，wolf 的文化含义包含以下几点。

第一，象征着饥饿。例如：

to have a wolfish appetite 有着像狼一样的胃口

wolf down one's food 像狼一样吞咽食物吃东西，比喻吃饭特别快又特别猛

to have a wolf in one's stomach 比喻饿极了，能吞下一头狼

第二，指追逐、玩弄女性的无耻之徒。例如：

wolf whistle 男子为挑逗女性吹的口哨

第三,比喻贪婪、凶狠的坏人形象。例如:

as greedy as a wolf 像狼一样的贪婪

第四,形容勇敢、有骨气、智慧的。例如:

Be the father of a wolf or a bear, if only the man himself is a man.

只有人成为真正的男子汉才称得上狼熊之父。

(二)汉语文化中的"狼"

《说文解字》中这样描述狼:"似犬,锐顶,白颊,高前,宽后,从犬良声。"此外,《现代汉语小词典》这样解释狼:"哺乳动物,形状和狗相似,昼伏夜出,性残忍而贪婪,伤害人畜。"汉语文化中有很多关于"狼"的成语和熟语。例如:

狼子野心:比喻凶狠的人用心狠毒,恶习难改。

豺狼之吻:用来比喻残忍贪心的官员。

具体来说,在汉语文化中,"狼"的联想意义主要有以下几个。

第一,比喻大口吞食、咀嚼的样子。例如,"狼吞虎咽""狼吞虎噬"等。

第二,形容慌乱、逃窜的场面。例如,"狼奔鼠窜""狼奔兔脱""狼奔鼠偷"等。

第三,形容凄厉、恐怖、狂呼的场面。例如,"鬼哭狼嚎""狼嗥狗叫"等。

第四,形容窘迫、尴尬、混乱的场面。例如,"狼狈不堪""狼藉"等。

当然,在汉语文化中,狼也不全是贬义含义。例如,《狼图腾》是 2004 年长江文艺出版社出版的图书,这里的狼就代表着一种顽强、勇敢、永不屈服的精神。"与狼共舞"这一成语也体现了人与狼之间的一种和谐相处。再如,中国有一家服装公司的名字就是"七匹狼",这里狼也是以一种积极向上的面貌出现。

九、bat 和蝙蝠

(一) 英语文化中的 bat

在西方的传说中，bat 是一种邪恶的动物，往往与黑暗有着密切的关系。英语民族一提到 bat，往往会联想到 vampire，即吸血蝙蝠。传说中的 vampire 会在夜间离开墓地，去吸食人们的鲜血，让人们非常恐惧，对它也是非常厌恶的。英语中很多成语都表明了这一特点。例如：

crazy as a bat 如同蝙蝠一样的疯狂
as blind as a bat 如同蝙蝠一样瞎

(二) 汉语文化中的"蝙蝠"

在汉语文化中，蝙蝠有着丰富而美好的寓意，具体如下。

第一，代表健康、幸福。在汉民族中，由于蝠与"福"字的发音相同，因此被人们认为是健康、幸福的代表。

第二，代表荣华富贵。在中国的很多传统画作中，蝙蝠与鹿往往被放在一起，意味着"福禄"，代表荣华富贵，保佑人们能够福禄安康。

第三，代表吉利。因为"红蝠"与"洪福"谐音，所以红色的蝙蝠更为吉利。

十、magpie 和喜鹊

(一) 英语文化中的 magpie

在英语中，magpie 象征着唠叨、饶舌，同时代表杂乱与混杂。例如：

Lucy kept muttering like a magpie.
露西像喜鹊一样在那吵闹。

Andy is a magpie.
安迪是一个饶舌的人。
to magpie together 鱼龙混杂
a magpie collection 大杂货堆

(二)汉语文化中的"喜鹊"

在汉语文化中,喜鹊代表吉祥,它的叫声能够给人们带来喜讯。例如:
晴色先从喜鹊知
鹊声喧日出
破颜看鹊喜,拭泪听猿啼

十一、snake 与蛇

(一)英语文化中的 snake

在西方文化中,蛇是"原罪"的象征。在古希腊神话中,蛇也是以一种恶毒形象出现。总之,蛇在西方就是魔鬼与邪恶的象征,具有狡猾、恶毒、邪恶的形象。很多与蛇相关的说法都含有贬义。例如:
a snake in the bosom 恩将仇报的人
a snake in the grass 伪装成朋友的阴险之人
snake oil 有用处的建议或者解决方法
a sheer cold-blooded reptile 一个彻头彻尾的冷血恶魔

(二)汉语文化中的"蛇"

在中国远古时期,蛇被看作龙的原型,被人们奉为灵物而祭拜。神话传说中,华夏民族的人文始祖伏羲和女娲就是人面蛇身。在西汉时期,民间开始兴起蛇害人的传说,蛇开始有了不祥的含义。再加上蛇本身属于冷血动物,对人具有攻击性,因此不受人

们喜爱,并且被赋予了贬义,象征阴险、狠毒等。含有"蛇"的词语也多具有这层含义。例如:

"蛇蝎心肠""佛口蛇心"表示阴险、狠毒

"杯弓蛇影""一朝被蛇咬,十年怕井绳"表示恐惧、害怕

"养蛇吃鸡"表示忘恩负义

十二、rat,mouse 和鼠

(一)英语文化中的 rat,mouse

在西方国家,鼠有"大鼠"和"小鼠"之分。"居住在水沟、河堤等的老鼠被称为'大鼠'(rat),而居住人类住宅、喜食干酪的老鼠被叫作'小鼠'(mouse);平时狗所追赶的是 rat,而猫所追逐的是 mouse。"[1]

英语中的 rat 一般指"讨厌、可耻、卑鄙之人,骗子",如 a rat fink 就指"卑鄙之人、下贱之人"。此外,rat 也有"胆小"的隐喻意义,如 as cowardly as a rat 就指"胆小如鼠"。

英语中的 mouse 具有贫穷的象征意义,如 as poor as a church mouse 的意思是"穷得叮当响"。此外,mouse 也有机灵、活泼、可爱的意思,如动画片中的 Mickey Mouse 就深受人们的喜爱。

(二)汉语文化中的"鼠"

在汉语中,"鼠"又称"老鼠"和"耗子"。由于其形象不佳、形体微小、性格胆小,因此在人们的心中多是卑贱、鬼鬼祟祟的形象。此外,鼠总是偷吃粮食,破坏房屋,而且繁殖能力强,所以被人们所厌恶。基于鼠的特征、生活习性以及与人类的关系,汉语中与鼠相关的词语多具有贬义,而且具有负面的隐喻意义。例如:

"鼠目寸光"形容人目光短浅

---

[1] 张璇.十二生肖词汉英对比研究及对外汉语教学[D].太原:山西大学,2015:5.

"鼠辈"喻义低微下贱的人

"贼眉鼠眼"形容人的神情鬼鬼祟祟

"獐头鼠目"形容人的长相猥琐

十三、rabbit 和兔

(一)英语文化中的 rabbit

在英语中,rabbit 的文化含义多与其本身的特性相关,具体分析如下。

第一,表示胆小。例如:

rabbit heart 比喻懦夫

as timid as a rabbit 胆小如鼠

第二,表示擅长奔跑。例如:

run like a rabbit 跑得飞快

run after two bares 徒劳无功

第三,指蹩脚的运动员。例如:

Our opponents were complete rabbits!

我们的对手蹩脚极了!

(二)汉语文化中的"兔"

古典文化中,文人撰写诗词以玉兔代表月亮,并视为吉祥的象征。

中国民俗中有不少向"捣仙药的玉兔"祈求健康长寿的风俗。例如,唐代诗人李白的《古朗月行》:"白兔捣药成,问言与谁餐?"《把酒问月》中的"白兔捣药秋复春,嫦娥孤栖与谁邻?"白色在中国古代被认为神秘的颜色,白色的动物就往往被人们所崇拜,被看作吉祥之物。

"兔"象征着多产,其温良,灵秀,常用来比喻女人。

"兔"行动灵活,"动如脱兔"形容动作迅速,活泼好动,类似的成语还有"兔起凫举""兔走乌飞""兔起鹘落"等。

关于"兔"汉语中也有一些贬义的含义。例如：

兔儿吹笛子——嘴不严

狡兔三窟

兔死狐悲

十四、monkey 和猴

（一）英语文化中的 monkey

在英语文化中，monkey 常用来指淘气鬼、顽童或爱恶作剧的人。例如：

make a monkey out of someone 戏弄某人

monkey business 恶作剧

get one's monkey up 急躁

此外，monkey 在英语中还有一些独特的隐喻意义。例如：

get the monkey off 戒除吸毒的恶习

a monkey with a long tail 抵押

（二）汉语文化中的"猴"

在古代汉语文献中，"猴"为"候"，原义为"伺望，观察"，如《白虎通》记载："猴，候也，见人设食伏机，则凭高四望，善于候者也。"可见，猴机灵、敏锐的天性，使它更容易识别猎手的诱饵，并且先要经过观望探察后确保对方没有埋伏，才动手去取诱饵。所以，"猴"的文化含义也可以理解为"聪慧、敏捷、机智"。

另外，"候"是美的一种象征，如《诗经》记载"海直且候"。秦汉时代起封侯拜将，于是"封侯"一说又使"猴"添加了一种吉祥的象征意义。

但是，猴在汉语中也有贬义的隐喻含义，具体如下。

表示淘气、顽皮，如"弄鬼掉猴""泼猴"

表示急躁、好动，如"猴头猴脑""猴子的屁股——坐不住"

表示消瘦、丑陋，如"尖嘴猴腮"

第二节 文化领域下的英汉植物词比较

英汉民族所处的地理环境差距很大,导致不同气候条件和生态环境下植物生长有不一样的情况。人们在日常生活中常有意或无意地将自己的情感赋予在植物的特征或性质上,通过植物传达自己的情感需求,植物的特性就与人们的生活有了密切的关系,植物词也就有了特定的文化内涵和意义。基于文化领域,英汉语言中植物词有其独特的文化内涵,所表达的隐喻意义也有所不同。本节就对文化领域下的英汉植物词的文化含义进行比较分析。

一、rose 和玫瑰

(一)英语文化中的 rose

玫瑰是一种十分美丽且香味沁人心脾的花,其种类繁多,而且不同种类的玫瑰有不同的含义。在英语文化中,rose 具有以下文化含义。

第一,象征爱情。西方普遍都有赠花给意中人的文化习俗,人们借花来表达爱意,传递情感。尤其在情人节这一天,送一束玫瑰给意中人,也就表达了自己的爱意,而且这一文化习俗已经传遍全世界。英国诗人彭斯的诗歌《一朵鲜红的玫瑰》(*A Red Red Rose*)就体现了玫瑰象征爱情的寓意。

My luve is like a red, red rose,
That's newly sprung in June;
My luve is like the melodie,
That's sweetly played in tune.
啊,我的爱人像红红的玫瑰,

在六月里苞放；
啊,我的爱人像一支乐曲,
乐声美妙、悠扬。

第二,象征安逸、幸福、欢乐。例如:

Life is not all roses.

人生并非事事顺心如意。

There is no rose without thorns.

世上没有尽善尽美的欢乐。

第三,表示"隐藏着的,不为人知的"。例如:

under the rose 秘密地

He told me the whole truth under roses.

他秘密地告诉了我事情的全部真相。

(二)汉语文化中的"玫瑰"

汉语文化中的玫瑰既有与英语中的玫瑰相同的文化含义,也有其独特的文化含义,具体包含以下两点。

第一,象征爱情。在中国,最初表达爱意的花是芍药,后来由于西方文化的引入,玫瑰才真正成为爱情的象征。如今,中国人在过西方的情人节时,男士也会送给自己喜爱的女士玫瑰花,用于表达爱意。

第二,象征着美丽而冷傲的女子。由于玫瑰带刺,中国人常常用带刺的玫瑰形容美丽却不易亲近的女人。例如,《红楼梦》中兴儿向尤二姐介绍探春时,称她为"玫瑰花",美中带刺。

二、peach 和桃

(一)英语文化中的 peach

在英语中,peach 的文化含义并不丰富,具体包含以下两个方面。

第一,指妙龄少女。例如:

She is really a peach.

她是相貌过人的少女。

第二,表示美好的事物。例如:

a peach of a room 漂亮的房子

(二)汉语文化中的"桃"

在汉语文化中,"桃"有着丰富的文化含义,具体如下。

第一,指代美貌的少女。在我国古诗词中,有很多的诗词用桃花来描述妙龄女子。例如:

山桃红花满上头,蜀江春水拍岸流。

花红易衰似郎意,水流无限似浓愁。

(刘禹锡《竹枝词》)

诗句中的"桃花"一语双关,既描述了桃花春意正浓,又描写了美人姿色正靓。

第二,象征春天。桃花盛开于春天,因此人们常将桃花与春天联系在一起。例如:

人间四月芳菲尽,山寺桃花始盛开。

长恨春归无觅处,不知转入此中来。

(白居易《大林寺桃花》)

第三,象征爱情。人们还常通过桃花来表达爱情,而且常与女性联系起来。例如,"桃花运"就是指艳遇。

第四,象征长寿。在汉语文化中,桃有长寿的寓意,在给老人祝寿时常要求有寿桃。

三、peony 和牡丹

(一)英语文化中的 peony

在英语文化中,peony 具有以下文化含义。

第一,喻指美貌。例如:

to blush like a peony 双颊绯红

《德伯家的苔丝》中有这样一个句子来描写人物"She was a fine and handsome girl—not handsomer than some others possibly—but her mobile peony mouth and large innocent eyes added eloquence to color and shape."（那是一个人见人爱的女孩——可能没有其他的女孩那么美丽——但她那灵动的牡丹一样的嘴唇和天真的大眼睛让她魅力无限。）

第二，除具有"美貌"的意义外，牡丹还被视为具有魔力的花。

(二)汉语文化中的"牡丹"

牡丹是中国的十大名花之一，以"国色天香"闻名天下，凭借雍容华贵在众多花木中脱颖而出，成为从唐代到清代的"国花"。自唐朝以来，有关牡丹的文学作品、工艺品非常之多，因此牡丹就有了相应的许多的文化含义。

第一，形容美丽的女子。"牡丹花下死，做鬼也风流"中的"牡丹花"指的就是美丽的女子。

第二，指代美好的事物。例如：

凤凰头上戴牡丹——好上加好，美上加美

绿绸衫上绣牡丹——锦上添花

第三，象征富贵、华丽、高雅和吉祥。例如，白居易在《买花》中写到"一丛深色花，十户众人赋。"买一丛鲜艳的牡丹花，竟要用十户中等人家的赋税，可见牡丹之昂贵。此外，古人还喜欢用牡丹为书斋、亭阁命名，有时还将牡丹盛开的图案挂在正厅，以示富贵和高雅。

四、laurel 和桂树

(一)英语文化中的 laurel

在英汉语言中，laurel 与桂树都代表的是殊荣、荣誉。英语中的 laurel 源于 laurus 这一拉丁语。据说,古希腊、古罗马人用桂树枝叶编成冠冕,授予英雄或者体育、音乐等竞赛的获胜者,之后成为欧洲的一种习俗。在英语中,由 laurel 组成的词语都具有这一含义。例如:

the Poet of Laureate 拥有惊人的成绩的诗人
gain/win one's laurels 赢得荣誉
look to one's laurels 小心翼翼地保持着荣誉
rest in one's laurels 满足于已有的成绩

(二)汉语文化中的"桂树"

在汉语文化中,人们看重桂树四季常青和高雅傲岸的品质,对其十分喜爱。很多文人墨客都对其进行过赞美,刘禹锡曾说:"莫羡三春桃与李,桂花成实向秋荣",李清照也曾赞叹"何须浅碧深红色,自是花中第一流"。

桂树在中国有着"蟾宫折桂"的意思。唐代创设的科举制度在每年的九月份,此时桂花盛开,香味扑鼻,称为"桂科",若有人考中,则称"折桂",于是就有了"月中折桂""蟾宫折桂"这些名称。其中,"蟾宫折桂"用来表示考生考中了进士,科举前三名的代称便用桂花来指称:丹桂、金桂、银桂,分别指代状元、榜眼和探花。

除了上面的寓意外,汉语中的桂树往往与神仙联系在一起。在众多的神话传说中,桂花树最后成为长生不老的仙树。"月桂"的传说已经有悠久的历史。在文人墨客的笔下,桂花被称为"木樨花",代表的是超凡脱俗的气质与品格。

五、willow 和柳

(一)英语文化中的 willow

在英语文化中,willow 具有以下象征意义。
第一,表示悲伤。罗马神话记载,特洛伊王子爱涅阿斯与迦太基的狄多女王相爱,后来因为接到了建造新的罗马城的任务,而被迫离开妻子,狄多女王经常手持柳枝哀伤地等待着丈夫的归来。英语中的 wear the willow 表示失去心爱之人而感到悲伤。

第二,象征死亡。《哈姆雷特》中"here is a willow grows aslant a brook, that shows his hoar leaves in the glassy stream"描写了奥菲莉娅死亡前的场景,水边的柳树象征着奥菲莉娅走向死亡的命运。

(二)汉语文化中的"柳"

柳文化是中国传统文化中的重要组成部分,古代文人常借助柳来抒发情感,如柳永著名的词《雨霖铃》中的"杨柳岸晓风残月"。自古以来,柳就有丰富的联想意义和文化内涵。

第一,象征春天。春到柳先绿,柳树变成了春天的使者。

第二,表示离别和思念。在中国传统文化中,柳树常用来表达分离和思念的情意,更是有折柳赠别的习俗。"柳"与"留"谐音,折柳赠予友人意在挽留和对离别的不舍。我国古代诗人常借助柳来表达离别之情,而且与此相关的诗词非常之多。例如:

长安陌上无穷树,唯有垂杨管别离。

(刘禹锡《杨柳枝词九首》)

第三,借柳抒情。由于柳树婀娜多姿,万缕柔丝,因此人们常用柳来表达爱情的意义。例如:

依依袅袅复青青,勾引春风无限情。

白雪花繁空扑地,绿条丝弱不胜莺。

(白居易《杨柳枝》)

第四,指代美丽的女子。古人常用"柳"来表现女子美丽的容颜和轻盈的姿态。柳枝纤细柔软,婀娜多姿,因此人们常用"柳腰"形容女子的腰纤细柔软像柳条,"柳眉"指代女子的眉毛细长秀美。白居易的《不能忘情吟》中有"樱桃樊素口,杨柳小蛮腰",《长恨歌》中有"芙蓉如面柳如眉,对此如何不垂泪"。

第五,婉指"色情"。在汉语文化中,"柳"常与妓女、女性有关的意思联系在一起,逐渐就成了"色情"的委婉表达方式。例如,古代文学中常见的"花街柳巷"指色情场所,"寻花问柳"指男子嫖娼,"残花败柳"指年老色衰的女子。

六、oak 和橡树

(一)英语文化中的 oak

橡树高大挺拔,而且质地坚硬,因此在西方国家,人们常用 oak 指代坚强者和勇敢者。例如:

Great oaks from little acorns grow.
合抱之树,生于毫末。/ 万丈高楼平地起。

(二)汉语文化中的"橡树"

在汉语文化中,橡树也指代具有阳刚之气、有着坚定品质的男性,这从诗人舒婷的《致橡树》中就有所体现。

七、red bean 和红豆

(一)英语文化中的 red bean

在西方文化中,红豆具有贬义含义,其喻义是为了眼前暂时的利益而宁愿牺牲更加重要的东西。所以,在英语中,sell one's birthright for some red-bean stew 表示"鼠目寸光,见利忘义"。为了避免外国人误解,"红豆"常译为 love bean 或 red-bean。

(二)汉语文化中的"红豆"

红豆又名"相思子",是我国独特的文化产品,有着悠久和古朴的传统文化。在中国文化中,红豆深受人们的欢迎,上到王公贵族,下至平民百姓,都有送红豆给爱人和亲朋的习惯。这主要源于红豆的象征意义,即象征思念之情。王维的《相思》:"红豆生南国,春来发几枝,愿君多采撷,此物最相思。"为大家所熟悉,这首诗是作者赠予好友李龟年的,在天宝之乱之后,李龟年被流放在外,王维为了表达悲伤之情和思念之情,写了这首诗。现在,人们常用这首诗表达男女之间的相恋相思之情,而红豆也成了人们寄托相思之情的信物。

八、lotus 和荷花

(一)英语文化中的 lotus

在西方国家,lotus 的喻义主要来自希腊神话和荷马史诗。在希腊神话中,lotus 是"忘忧草"的意思,lotus eater 指食忘忧草而忘却劳苦的人,由此引申出"贪图安逸的人",而 lotus land 指忘忧果之乡、安乐乡。此外,在西方国家,如果送人 lotus,表示疏远了的爱。

(二)汉语文化中的"荷花"

在中国,荷花又称"莲花""芙蓉",是清廉正直、超凡脱俗、高洁的君子形象。古往今来,人们都十分喜欢这种植物,而且也崇尚其所具有的高洁、不同流合污的品德。其所具有的文化含义有以下几点。

第一,喻指君子之风。莲花虽然生长在淤泥之中,但是一点也不受其沾染,莲藕洁白,莲叶清脆,荷花香美,因此人们认为莲花具有洁身自好、不随世俗的良好品质和精神,喻指洁身自好、正直清廉的君子品质。《一品清廉图》就是一茎青色莲花的图案,"青莲"与"清廉"谐音,比喻明镜高悬、两袖清风的为官之道。周敦颐的《爱莲说》中"出淤泥而不染,濯清涟而不妖"一句更是升华了莲花的意义,树立了莲是花中君子的形象。

第二,喻指有才之士。在古代,人们还常用荷花来喻指有才之士。"莲花开在污泥中,人才出在贫寒家。"喻指即便在艰难的环境中,有才之士同样有一番作为。"小荷才露尖尖角"喻指有才华的人很容易崭露头角,得到别人的赏识,形容出露头角的新人。

第三,以"莲"喻"子"。荷花的莲房中含有多个莲子,而且互不干涉,这与我国传统理论"多子多福"和"兄弟有序"的观点相符,因此被赋予了"多子"的意义。

第四,象征爱情。荷花恬淡宁静,姿态优美,因此常被人们用来形容美丽女子的纯净,"出水芙蓉"就表达了这一意思。又因"莲"与"恋"谐音,所以荷花就有了爱情的象征意义。在民间婚嫁中,人们常将含有"莲花鸳鸯""并蒂莲""鱼戏莲"等图案的事物放在新婚夫妇的房里,喻指美好的爱情和生活。

九、lily 和百合

(一)英语文化中的 lily

在西方国家,人们十分喜爱朴素而又纯洁的百合,也赋予了百合一些文化意义。

第一,比喻洁白的事物、纯洁的人,多指漂亮、白皙的姑娘,象征纯洁与美好。例如:

white lily 喻指清纯少女

She is lily-like in her stateliness and sweetness.

她像百合花一样庄重而甜蜜。

第二,喻指胆小。在西方传说中,人们认为懦夫的肝脏中没有血液,而百合又以白色居多,因此人们常用 lily-livered 来比喻没有血色的人,喻指懦弱的和胆怯的人。例如:

I never met anyone so lily-livered.

我从来没见过这么胆小的人。

第三,比喻多此一举。由于百合的纯真,更多的修饰则是不必要的,因此 to paint the lily 就相当于汉语中的"画蛇添足""多此一举"。

（二）汉语文化中的"百合"

在中国古代，百合被认为有驱邪的功效。而在现代，百合既是观赏名卉，又是珍贵的中药和蔬菜，被人们视为花中之宝。其文化含义具体如下。

第一，在汉语中，因为谐音的关系，百合取百片合成之意，寓意"百年好合、百事合心"，象征着幸福美满。

第二，由于百合花的叶片在夜晚会两两贴在一起，因此百合花又象征着夫妻恩爱。

第三，在民间，百合被人们称为"送子仙"，人们常将百合花的图案挂于墙上，寓意早生贵子。

十、pepper 和辣椒

（一）英语文化中的 pepper

在西方国家，由于辣椒（pepper）强烈的刺激味道，常被人们拿来食用，用于增强食欲。因此，pepper 就有了"劲头、活力、胆量"以及"尖刻性、辛辣性"等文化联想意义。例如：

Though she is seventy years old, there was still plenty of pepper left in her.

尽管她已经七十岁了，但她仍然精力旺盛。

（二）汉语文化中的"辣椒"

也源于辣椒的刺激味道，在汉语中人们常用辣椒喻指"泼辣之人"，也喻指那些性格泼辣、外向的女子。例如，在《红楼梦》中，人们常称王熙凤为"凤辣子"。现如今，人们也习惯称那些性格泼辣的女子为"辣妹子"。

总体而言，因生存地理环境、历史文化背景、风土人情的差异，英汉语言中的动物词和植物词承载着不同的文化含义，而且各具特色。

　　实际上,英汉动植物词的文化差异反映了英汉民族的文化差异。在语言学的学习过程中,不仅要了解词语的基本含义,更要了解词语的内在含义。所以,了解英汉动物文化和植物文化,不仅有利于更加深入地了解英汉民族文化,而且有利于丰富语言文化知识,确保跨文化交际的顺利进行。

第六章 文化领域下的英汉人名、地名与方位词比较研究

人名、地名和方位词是语言的基本组成部分,在人们的日常生活中时常会涉及。不同民族语言中的人名、地名和方位词不仅蕴含着丰富的文化信息,而且体现出独特的特点。在文化领域下对英汉人名、地名和方位词进行比较分析,有助于不同民族的人们更加深刻地了解其他民族的文化,也有助于不同民族之间的人们更好地交流和沟通。本章将对文化领域下的英汉人名、地名与方位词进行比较分析。

第一节 文化领域下的英汉人名比较

人皆有名,人名是一种称呼,是一个人与其他人加以区别的社会称谓符号。但人名不仅是人们相互区别的语言标志,而且蕴含着丰富的文化,反映着一个民族的历史、语言、习俗、心理等,其内容之丰富已经远远超出人名本身。从某种意义上讲,人名文化是社会发展史的结晶与浓缩,了解和比较英汉民族的人名文化,不仅乐趣无穷,而且能够从深层意义上感受两种不同文化的差异和特色,进而加深对英汉民族文化的了解。

一、人名文化解析

(一)人名的产生

人名是一种区别性符号,用来指称特定的人物,其在人们的日常生活和交际中发挥着重要的作用,它既反映着特定的历史,又体现着某种文化。

人名是人类语言系统中的一种特殊的语言现象,其产生于人类社会交往过程中,用于社会成员之间的交际和识别。西蒙·波特(Potter)指出:"很容易理解,在语言的初期阶段,最早出现的词语就是名称(names),而且主要的是专有名称(proper names)。非特有的通称或类属词,如 man, animal, tree 等随后发展起来,再往后才出现抽象名词,如 courage, ferocity。"[1]

总体而言,人名是语言的产物,并随着语言的发展而发展。人名作为一种语言符号,体现了社会变迁和文化发展的轨迹。人名也是一种社会文化符号,其作为社会的产物,反映了特定的社会现实以及文化内涵。

(二)人名的结构

人名一般是由不同的部分组成。就英语人名而言,其由三个部分组成,分别是教名(the Christian name/the first name/the given name)、中间名(the middle name)和姓(the family name/the last name),如 Eugene Albert Nida(尤金·阿尔伯特·奈达)。大多时候,英语人名中的中间名仅写其首字母或不写,如 Eugene Albert Nida 写成 Eugene A. Nida 或 Eugene Nida。西方人,尤其是英国人和美国人,其姓名中通常是名在前姓在后,这体现了西方人强调个性、个体的观念,如 Diana Frances(戴安娜·弗兰西斯)这个名字,前面的 Diana 是名,后面的 Frances 是姓氏。

---

[1] Potter, S. *Our Language*[M]. Middlesex: Penguin Books Ltd., 1950: 142.

第六章　文化领域下的英汉人名、地名与方位词比较研究

在中国,姓名多由三个字组成:姓＋家族的辈分＋名。在现代社会中,人名中的第一个字是姓,第二、三个字或第二个字是名。汉语人名通常是姓在前名在后,如"王昭君"这个名字,前面的"王"是姓氏,后面的"昭君"是名字。这是中国人名文化的重要特色,体现了民族传统文化崇尚共性、注重群体的价值观念。

相比较而言,英汉人名的构成既有相同之处,也有不同之处,相同之处体现为都由姓和名两部分组成,不同之处体现为姓名的结构顺序恰恰相反,这主要源于英汉民族不同的历史文化差异。

二、英汉姓氏比较

姓氏是民族历史发展与文化积淀的产物,经历了漫长的过程,它不仅反映着一个地区社会成员之间的关系,也折射出一个民族的历史与文化背景。因历史文化背景不同,英汉民族的姓氏也存在一些差异,以下就对英汉姓氏进行比较分析。

（一）英汉姓氏起源比较

1. 西方姓氏起源

相较于中国,西方人使用固定姓氏的历史并不长,他们经历了很长一段"有名无姓"的时期。据记载,古代英国人只有名没有姓。盎格鲁-撒克逊人的名字很简单,通常由一个普通名词组成,如 Snelgar（勇士）,Firth（和平）等。

1066 年诺曼人入侵英国,分封制被嫁接到英国,出于国家管理中各个方面的需求考虑,在个体识别中仅有名字已经不足以区分不同阶层人的权利与身份,出于社会发展与国家行政管理方面的考虑,姓氏开始产生。除了城市经济结构的改变和历史与政治因素引发的社会职业增多,"重名"问题也是促使英国姓氏形成的主要原因。为了使互相称呼起来和国家管理都更便捷,姓氏开始加入人们的称呼中,并在这种雏形上逐渐演变,最终形成了今天的英国姓氏。英国人算是最早使用固定姓氏的西方民族,但也

是到15世纪逐渐普及了姓氏。不少苏格兰和威尔士人更是到17世纪才开始使用姓氏。

在此之前,西方更为常见的是父名制:把父亲的名字挂在儿子的名字后边,承担"姓",如Jackson就是Jack-son,意为son of Jack(杰克之子)。这种表示血缘和宗族的姓氏还有其他姓氏,如Mac Arthur(麦克阿瑟)、Mc Donald(麦克唐纳)、O'Neil(奥尼尔)等。带有Mac或Mc前缀的姓氏说明这一姓氏的人是苏格兰人的后代,带有O前缀的姓氏说明这一姓氏的人是爱尔兰人的后裔。

在西方国家,子女随父姓,但结婚后都会随夫姓,很少保留原来的姓氏。近年来,女子结婚后仍保留原姓的情况有所增加,有的则在原姓之前或之后加上夫姓,形成复姓。

2. 中国姓氏起源

中国的姓氏在原始社会就出现了,传承至今已有非常悠久的历史。在原始社会,"姓"和"氏"是分开的,而且是两个不同的概念。旧石器时代中后期,姓开始出现,此时母系氏族公社繁荣,与此同时原始的图腾崇拜产生了,各个母系氏族有了象征本氏族的图腾,并作为族徽,而这也成了代表女性尊贵地位的姓氏。这也是早期姓氏多带女字旁的原因,如"姬""姒""嬴""姜"等。在原始社会早期,姓氏的作用主要在于区别氏族以此通婚。

随着社会的发展,男性在生产劳动中的地位逐渐突出,父系氏族得以产生并取代母系氏族,而氏也是在父系社会逐步产生的,如黄帝熊氏、颛顼高阳氏等。奴隶制社会时期,夏、商、周一直沿袭着帝王对有德之人进行分封命氏的制度。春秋末期以后,姓与氏之间的界限逐渐变得模糊,姓与氏开始走向统一。秦朝统一六国之后废除分封制,此时氏和姓只用于区别婚姻血统。到了汉朝时期,司马迁在《史记》中将姓和氏合而为一称为"姓氏",一直流传至今。现在所提到的姓氏大多出自西周和春秋、战国时期的氏。

第六章　文化领域下的英汉人名、地名与方位词比较研究

在宋代或宋代以前,男性及其子孙皆称姓,而女性婚后,就要随丈夫姓,女性原来的父姓也要跟随其后,父姓后加"氏",原名则讳,如任李氏、张周氏等。

（二）英汉姓氏的构成方式比较

1. 西方姓氏的构成方式

（1）基于动物和植物的姓氏。西方的很多姓氏源自动物和植物。例如：

Fox 福克斯（意为"狐狸"）

Cole 科尔（意为"油菜"）

（2）基于地名、地貌的姓氏。有些西方姓氏是由居住环境而来的。例如：

Brook 布鲁克（意为"小溪"）

Field 菲尔德（意为"田野"）

（3）基于职业的姓氏。西方有很多姓氏的命名是源于祖先所从事的职业,从姓氏上可以轻易区分这些人的祖先所从事的职业。例如：

Smith 史密斯（意为"铁匠"）

Stone 斯通（意为"石匠"）

Carpenter 卡彭特（意为"木匠"）

（4）基于颜色的姓氏。西方姓氏有很多都与颜色有关。例如：

Black 布莱克（意为"黑色"）

Orange 奥林奇（意为"橘黄色"）

2. 中国姓氏的构成方式

（1）基于祖先的字或名的姓氏。汉语中有很多姓氏都产生于祖先的字或名。例如,春秋时期,虞国有大夫井伯,其后人就以"井"为姓氏。

（2）基于国名的姓氏。汉语中有不少姓氏产生于夏、商、周时代的诸侯国,当时的诸侯国众多,很多诸侯国的国民都以这些

诸侯国为姓,如齐、鲁、晋等。

（3）基于官职的姓氏。汉语中有些姓氏与官职有关。例如,汉代有治粟都尉这一职位,与现在的粮食部部长一职十分相似,其后代便将"粟"作为姓氏。

（4）基于职业的姓氏。中国的有些姓氏也来自人们世代相传的职业,如以制造陶瓷为职业的人常以"陶"为姓。

三、英汉取名方式比较

大千世界,芸芸众生,人人有姓,个个有名。取名是一种艺术,其中蕴含着人们不同的情感和价值思想。以下就对英汉取名方式进行比较分析。

（一）西方取名方式

1. 根据性格命名

世间的每个人都性格各异,或随和开朗,或深沉坚定。西方人讲究个性,追求标新立异,他们不愿意约束自己。在人名的命名上,他们不讲究幽深的意境,往往采取的是生动、直接的命名方式。例如：

Chad 查德（意为"好斗、容易惹事的人"）

Deirdre 迪尔德丽（意为"饱受悲伤、痛苦,四处流浪"）

Fernanda 费尔南达（意为"喜爱冒险、胆子大的人"）

Fielding 菲尔丁（意为"将大自然视为生命的人"）

Hedwig 海德威格（意为"面对斗争,不获得最终胜利不会终止"）

Lupe 鲁普（意为"对他人奴役,像狼一样的性格"）

Martina 玛尔蒂那（意为"对武术精神非常崇尚的人"）

Philomena 菲洛来娜（意为"喜欢月光的人"）

Tracy 德雷茜（意为"有勇气的人"）

2. 根据道德情操命名

在道德情感方面,西方人强调正直、守信、扶危济困等,因此很多名字是基于这一理念而命名的。例如:

Justin 贾斯廷(意为"为人正直、公道")

Bailey 贝利(意为"待人诚信、忠厚")

Constance 康斯坦茨(意为"忠实、坚定、不屈")

Catherine 凯瑟琳(意为"纯洁、心灵美好")

Alice 爱丽丝(意为"忠诚、可信,不欺骗他人")

Ulysses 尤利西斯(意为"鄙视任何卑鄙、欺诈他人的行为")

Charity 查莉蒂(意为"资助他人、慈悲为怀")

Consuela 坎苏拉(意为"忠实可靠的朋友")

3. 根据身份、职业和生长环境命名

西方人的文化取向倾向于实用、客观,因此往往以具体职业、身份和生长环境作为理据,命名上也是如此。例如:

Brook 布鲁克(意为"出生于湖泊、小溪的人")

Carl 卡特(意为"马车夫或者打造马车的人")

Baxter 巴克斯特(意为"烤面包的人")

Fabian 费宾(意为"从事农业劳动的人")

Cooper 古伯(意为"制造木桶的人")

Ashby 阿诗贝(意为"住在生长有白蜡树的农庄上的人")

Milton 弥尔顿(意为"住在镇上的磨坊里面的人")

4. 根据相貌、气质命名

西方人追求个性,对于相貌不存在褒贬,越有个性,越显得与众不同,因此常以相貌来命名。例如:

Algernon 阿尔杰农(意为"有着大胡子的人")

Anne 安妮(意为"娇美的人")

Blanche 布兰奇(意为"面容白皙、头发浅淡的人")

Cameron 卡梅伦(意为"有个性的人,鼻子如鹰钩的人")

Cherry 彻里（意为"皮肤粉白的人，嘴唇鲜红的人"）
Claudia 克劳地亚（意为"头脑聪慧的人"）
Lloyd 劳埃德（意为"具有政治家风度与气质的人"）

5. 根据动植物命名

自然界中的很多动植物都独具特点，值得人们赞颂与崇拜，因此人们往往会借助这类事物对某种性质、形体、品格等进行表达，并以之命名。例如：

Arno 阿诺（意为"融合狼的勇猛与鹰的眼力为一体的人"）
Leontine 莱昂泰恩（意为"像母狮子一样拥有力量的人"）
Todd 拖德（意为"像狐狸一样狡猾的人"）
Adolph 阿道夫（意为"像狼一样勇猛的人"）
Faline 费林（意为"像猫一样的人"）
Everard 埃弗拉德（意为"像野猪一样凶猛的人"）
Palmer 帕尔默（意为"从圣地带来棕榈树枝的人"）
Daphne 达芙妮（意为"像月桂树那样高贵的人"）
Lillian 莉莲（意为"像百合一样美丽的人"）

(二) 中国取名方式

1. 根据出生时间命名

中国人时常将一个人的出生时间与其未来命运联系在一起，因此常以出生时间来命名。例如，历史上自称"江南第一风流才子"的唐伯虎生于庚寅年（1470年）故名"唐寅"，早晨出生的孩子取名为"晨""曦""迎辉"等，在不同季节出生的孩子取名为"春生""秋生""冬生"等，以落地时辰命名的如徐寅生等。

2. 根据出生顺序和体重命名

中国人常根据孩子出生的顺序以及体重来为孩子取名。例如，按出生顺序取名的有"王老大""王小二"等，按出生时的体重取名的有"八斤""九斤"等。

3. 根据生辰八字命名

以生辰八字命名是中国人独有的一种传统命名习俗。以生辰八字与"五行"（金、木、水、火、土）对照排算,如缺少某一行则以该行字取名,如"闰土""得水"等。

4. 根据出生地命名

汉语人名中有很多是以出生地命名的,如我国古代唐宋八大家之一的柳宗元,生于河东,故称"柳河东"。现在也常常听到"沪生""京生"等名字。

5. 根据长辈的寄托命名

在为孩子取名时,长辈常将对孩子的祝福和期望融入孩子的名字中。例如,希望孩子长命百岁,就为孩子取名为"延寿""龟年"等;希望孩子将来家业昌盛,就为孩子取名为"满仓""兴业"等。

6. 根据动植物命名

人们通过对生活的观察和体验,将某些特征赋予某种动物和植物,然后再将这些动物和植物用于人名当中,以体现或寄托某种兴趣和志向。例如,在给男孩取名时,常使用"龙""虎""麟""鹏"等威武雄壮的动物名称;在给女孩取名时,常使用"梅""莲""桃""菊""兰"等娇美艳丽的花卉名称。

第二节　文化领域下的英汉地名比较

地名是对地理实物的指称,是人们对生活和居住的自然与社会环境符号的认知。随着历史的发展,地名逐渐积淀了丰富的文化内涵,其反映着地理环境特征和人文景观特征,也映射着民族的文化传承和社会心理。在不同的文化历史背景下,英汉地名既有相同之处,又有不同之处,本节就对文化领域下的英汉地名进行比较分析。

一、地名文化解析

简单来讲,地名就是一个地方的名称,其用于不同地方之间的区分。关于地名的概念,英语字典 *Webster's Ninth New Collegiate Dictionary* 将 toponymy(地名)解释为:"The place—names of a region or language or esp. the etymological study of them."[①]《中国大百科全书》指出:"地名是人们在相互交流中为了识别周围的环境对于地表特定位置上的地方所赋予的名称。"[②]

由上述解释可以看出,地名就是一种代表地理实体(如地方、地点、地物、地域等)的符号。

虽然地名属于地理学研究的范畴,但因地名是常用的一种社会公共信息,所以与国家的历史、语言与文化等有着密切的联系。

二、英汉地名命名方式比较

(一)西方地名命名方式

1. 根据姓氏、人名命名

西方国家在为某个地方命名时,常以本国的军事家、科学家、政治家的姓氏或名字来取名。例如:

Brantford 布兰特福德

Augusta 奥古斯塔

Madison 麦迪逊

Clinton 克林顿

Washington 华盛顿

Lincoln 林肯

Kennedy 肯尼迪

---

① 杨晓军,廖莉莎.东西方地名文化比较及翻译策略[J].湘潭师范学院学报,1999,(5):53.
② 同上.

2. 根据他国名字命名

在西方国家,很多名字也都是外来的,尤其在美国较多。美国是一个移民国家,很多移民在当地留下了自己所在国家的地名。例如:

Canton 广州,源于汉语

China 柴纳,源于汉语

Detroit 底特律,源于法语

Eau Claire 奥克莱尔,源于法语

Fond du Lac 方杜莱克,源于法语

Missouri 密苏里,源于印第安语

Ohio 俄亥俄,源于印第安语

Montana 蒙大拿,源于拉丁语

3. 根据移民故乡命名

美国有大量来自法国、英国、德国等国家的移民,因此很多移民就用自己家乡的地名来命名新的居住地。例如:

New England 新英格兰

New York 纽约

New Mexico 新墨西哥

New Orleans 新奥尔良

New Jersey 新泽西

4. 根据美好愿景命名

西方人常将美好的愿望寄托在地方的名字上,这些地名反映了人们对美好国度的愿景。例如:

Concord 和平

Providence 远见

Hope 希望

Hopewell 憧憬

Liberty 自由

Union 团结

Independence 独立

5. 根据地理位置命名

西方很多地名与其地理位置有着密切的关系。例如：

North 诺斯

Eastman 伊斯特曼

West Point 西点

West Sahara 西撒哈拉

West Virginia 西弗吉尼亚州

Yugoslavia 南斯拉夫

6. 根据动植物、矿物命名

在西方国家，根据动植物和矿物命名的地名非常多。例如：

Peacock 皮科克（意为"孔雀"）

Wild Horse 怀尔德霍斯（意为"野马"）

Eagle 伊格尔（意为"鹰"）

Turtle Mountain 特特尔山（意为"龟山"）

White Apple 怀特阿普尔（意为"白色苹果"）

Orange 奥兰治（意为"橘子"）

York 约克（因水松树林得名）

Marathon 马拉松（因茴香得名）

Idaho 爱达荷州（因山上有很多宝石与有色金属得名）

Almaden 阿尔马登（因汞矿得名）

7. 根据数字命名

西方有些地名是使用与地名相关的数字来代替地名而成的。例如：

Twenty-nine palms 特温蒂奈恩帕姆斯

Thousand palms 绍森帕姆斯

Ten Thousand 万山群岛

Six Mile 锡克斯迈尔

8. 根据人体命名

西方很多地名是运用人体来命名的。例如：
Tongue Point 汤角（源于舌尖）
Thumb 萨姆（源于拇指）
Hand County 汗德县（源于手）
Mouth of Wilson 茅斯厄夫威尔逊（源于威尔逊的嘴）
Heads 黑兹（源于头）
Finger 芬格（源于手指）
Sleepy 斯利皮艾（源于困乏的眼睛）
Arm 阿姆（源于手臂）

（二）中国地名命名方式

1. 根据姓氏、人名命名

以姓氏命名的地名在我国也十分常见，如石家庄、肖家村、赵家沟等。在中国古代，以人名来命名地名并不多见，古人出于对尊长、君主等的尊重，往往避讳使用他们的名字，即便是之前已经存在了，为了避免与当时的君王冲突，也会进行更改。例如，河南洛阳的宁民坊，因与李世民的名字冲突，所以为了避讳，更改为"宁人坊"。后来受西方文化的影响，中国以人名为地名命名的情况逐渐增多，如中山市就是为了纪念革命先行者孙中山而得名的。

2. 根据他国名字命名

虽然中国古代比较封闭，但仍有很多地名是外来的。例如：
德县路，以德国人名或地名命名
威廉路，以德皇威廉命名
东京路，源于日本城市
林肯路，源于美国前总统

威妥玛路,源于英国人,汉字拼写法的设计者

3. 根据移民故乡命名

中国古代有多次的人口迁移活动,远离故土的人们为了表达思乡之情,常用故乡的地名来为新的居住地命名。例如,北京大兴凤河两岸的长子营、霍州营、南蒲州营等,都来自山西县名。

4. 根据美好愿景命名

受传统农耕文化的影响,中国人追求安定、和平,因此在给地方命名时多选用有着美好寓意的名字。例如:

福安市

寿宁县

太平区

兴隆县

忠孝村

5. 根据方位命名

我国地名常依据东、南、西、北方向来命名,如山东、山西(太行山的东西),河南、河北(黄河的南北)等。

6. 根据动植物、矿物命名

中国地名源于很多稀奇动物的名称或者这些动物的某个器官的名称或借用一些树木的名字,也有很多地名源自矿产名称。例如:

凤凰山

黄鹤楼

螃蟹坑

芭蕉村

柿树坳

桃花庄

樟树湾

银坑坳

金田村

7. 根据数字命名

在中国,有很多地方是根据数字命名的。例如:

三江口

十字坡

八字墙

三十六湾

8. 根据河流、湖泊命名

河流、湖泊也是我国为地方命名的重要依据。例如,"四川"因省内有长江、嘉陵江、岷江、沱江流过,故而得名。

第三节　文化领域下的英汉方位词比较

因生产以及生活的需要,人类很早就获得了平面范围概念,之后又获得了立体方位概念,所以英汉语言中都有相对应的表达方位的词语。但由于所处地理位置不同,因此英汉民族对方位的认识、词语的表达以及文化意蕴存在着显著的差异。本节将对文化领域下一些常见的英汉方位词进行比较研究。

一、英汉方位词"左、右"比较

(一)空间义比较

汉语方位词"左"和"右"是相对的,表示水平性的空间。人们在使用这两个方位词的时候通常以自身为参照物,从自身的角度去看与左右手对应的水平空间。当这两个词同时使用时,有某个参照点的"旁边""身边"的意思。例如:

花盆的左边摆着一个很大的鱼缸。

主席台左右全是人。

站在她的左右。

英语 left, right 是汉语的"左"和"右"的对应词,属于相对应的水平性空间方位词。在空间含义上,left, right 与汉语中的"左"和"右"所表示的空间义相同或相似。例如:

The wall to the left of the doors was made with glass.

门口左边的墙壁是用玻璃做的。

They must walk on the right of the crosswalk.

他们必须得走在斑马线的右边。

(二)隐喻义比较

1. 汉语"左、右"的隐喻义

(1)表示约数

"左""右"经过虚化后搭配时间和数量词,可表示约略的估计,而且"左"和"右"不能分开,因为它们表示的约数概念就源于二者的对称性。例如:

煮意大利面只需要七分钟左右。

(2)表示对人或事的管理控制

"左"和"右"两个字一起使用时,除了表示约数,还能表示对人或事的管理控制,具有动词性。这一隐喻义源于它们的空间概念,在中国古代,人的地位与所处的位次有着密切关系,而左、右的不同位置代表着不同的地位。所以,能管理和控制周围的人,就被视为能控制"左右"的位次。例如:

谁也左右不了他们的评判。

(3)表示"身边的人"

"左"和"右"并用时,还表示身边的人,这一含义来自经常处于某人的"旁边"这一空间概念。在中国古代,"左右"多指"随从""近臣"等"身边的人"。例如:

当晚,阎屏去左右,只身一人与张学良彻夜密谈。翌日,张学良飞离太原。

（毕万闻《张学良与阎锡山的一次密谈》）

（4）表示褒义和贬义

在中国古代,"左"和"右"就有了"尊卑"的内涵。例如:

古者以右为尊,言材用无能过之者,故云不出其右也。

（《汉书·高帝纪下》）

我国汉朝时期以右为尊,后世以左为尊,但"左迁"始终是降职。可见,古代汉语中的"左""右"内涵十分丰富,而且"左"和"右"与卑尊的对应关系在历史上有很大的变化。

根据历史文献,周朝时期,诸侯在宴饮面朝皇帝时以左为尊,但用兵时以右为尊。到战国时期之后,以右为尊的现象更为普遍。在东汉、魏、晋、南北朝时期,又开始以左为尊,而到明朝之后又恢复以右为尊。到目前位置,"右为尊"和"左为尊"都能找到出处,如"可操左券"和"虚左以待"表示贬义,"旁门左道""左建外易""左迁"也表示贬义。这些语义变化在历史上各类文献中都有体现。例如:

古人尚右:主人居左,坐客在右者,尊宾也。今人或以主人之位让客,此甚无义。惟天子适诸侯,升自阼阶者,主道也,非以左为尊也。

（《北宋·话本·梦溪笔谈》）

汉以右为尊,谓贬秩为左迁,仕诸侯为左官,居高位为右职。周昌相赵,高帝曰:吾极知其左迁。陈平以右丞相逊周勃,位第一,平为左丞相,位第二。谓左戚右贤、居客之右、朝廷无出其右,皆此意也。

（《笔记·鼠璞·宋·戴埴》）

（5）表示政治派别

汉语"左、右"也表示政治派别。通常,"右"或者"右派"表示保守及传统的思想,"左"或者"左派"则表示开放的思想。

2. 英语 left, right 的隐喻义

（1）表示褒义和贬义

在西方国家，left 有着卑鄙、险恶、异常、笨拙等象征意义，而 right 具有正确、正义、技巧、善良等象征意义。例如：

He married with the left hand.

他以左手方式结婚了。（意思是社会地位高的人与社会地位低的人结婚，而社会地位低人的孩子或者家人不能继承财产等遗产）

And you see, I'm rewarding him for the right behavior.

你看，因为他的正义行为，我给予他奖励。

（2）表示政治派别

同汉语一样，英语中的 left 和 right 也表示政治派别。left 具有开放的含义，left-wing 指主张社会平等的人，而 right 具有保守的含义，right-wing 指主张社会阶层的人。例如：

Most of his policies are very leftist.

他的大部分政策都有左派的特点。

She is a typical right-wing politician.

她是典型的右派政治家。

二、英汉方位词"东、西、南、北"比较

在各个民族中，都具有"东、西、南、北"这几个方位词，它们出现于人类社会产生不久之后，经过漫长的发展，不仅指空间上的方位关系，而且慢慢地拥有了带有民族特色的文化内涵。以下就对英汉民族中的这些方位词进行比较分析。

（一）文化内涵比较

我国最早关于"东西南北"的记载是在甲骨文上："东方曰析，风曰协，南方曰因，风曰凯，西方曰彝，风曰韦，北方曰伏，风曰役。"原义表示方向，后来被人们普遍使用之后，被赋予了丰富的

第六章 文化领域下的英汉人名、地名与方位词比较研究

文化内涵。相比较而言,英语中的 east,south,west,north 的意义并不丰富,但也存在一些文化含义。以下就对英汉中的这些方位词分别进行比较。

1. "东"与 east

关于"东"字,许慎在《说文解字》中将其看作会意字:"东,动也,从日在木中"。现代语言学家罗常培也认为"东"是会意字,指太阳升起的地方。

"东"在《现代汉语词典》(第5版)具有以下几种义项:一是方位词,是四个主要方向之一,是太阳升起的地方;二是"东道主",指宴请宾客的主人;三是姓。

除了上述这些义项,"东"在汉语中还有很多其他文化内涵。

第一,表示温暖、复苏和希望,太阳从东方升起,给人带来光明和温暖,给大地带来复苏的希望,也因此人们对东方有一种尊敬心理。

第二,表示具有阳刚之气的男性,这一文化意义是上一层意义的升华,东方是太阳升起的地方,再加上中国传统的阴阳观念,认为东方主掌着生命,具有阳刚之意,因此常以"东"来描写男性。

第三,受中国传统文化的影响,"东"字还代表着权势和地位。例如,"东宫"指古时太子的宫殿,"房东"指房屋的所有者。

第四,"东"代表主人的意思,古代以东方为下,在宴饮宾客时主人的位置一般坐在东边的位置,如"做东"就是请客吃饭。

英语中的 east 除了表示方位,也有其他引申含义。在美国,east 有守旧、固本的意思,而在英国,east 表示寒冷,有时也表示恐慌和彷徨。

在英汉语言中,"东"在表示空间位置时的意义是一致的,都是表示太阳升起的地方,但是由此演化而来的文化内涵存在较大差异。简单而言,汉语中的"东"具有朝气蓬勃、温暖阳刚的文化内涵,而英语中的"东"有寒冷和恐慌的文化意义。

2."西"与 west

"西"字属于象形字,其原本是栖的初文,因日落西山而鸟栖于巢,所以栖息的"西"就延伸出西方的含义。

《现代汉语词典》(第5版)中"西"有三个义项:一是方位词,表示太阳落山的方向;二是西洋,表示内容或形式属于西洋的;三是姓。源于"西"的基本义项,其在使用过程中拥有其他文化内涵,概括起来有以下几点。

第一,表示荒凉之意和悲凉之感,如"西风"。我国古诗词中有很多用"西风"来烘托悲凉的气氛,如"莫道不消魂,帘卷西风,人比黄花瘦。""古道西风瘦马。夕阳西下,断肠人在天涯。"

第二,象征晚年或暮年。太阳沉落于西方,因此西方也是寒冷和黑暗产生的地方,这让人联想到人的晚年,如"日薄西山"就是比喻人到老年。

第三,象征死亡。这是由上层意思引申而来的,太阳沉落于西方,因此西方也是寒冷和黑暗产生的地方,由此人们常将西方与死亡、不详和恐怖联想到一起。例如,"归西"就指人死亡。

第四,指代女性。日落于西方则阴暗生,在阴阳二分的哲学范畴中,女性属于阴,所以"西"与女性也有着紧密联系,即用带"西"字的词语来描述女性,如"欲把西湖比西子,浓妆淡抹总相宜"。

第五,"西"代表着"宾位",如,"西宾""西客"等。

英语 west 也不仅仅指方位,也有着许多独特的文化内涵。与汉语中的"西"相似的地方是,west 也象征死亡,如 go west 就指"人死,上西天,东西损坏,事物不存"等。但 west 更多的是象征万物复苏、希望与机遇。例如,英国人喜欢"西"主要是因为气候,来自西方的大西洋暖流和西风为英国带来了充足的降水和湿润的气候。英国人对"西"的喜爱在英国诗歌中有着显著的体现,如雪莱的《西风颂》就充分地表达了对西风的喜爱。

在英汉语言中,"西"的文化内涵既有相同之处,也有不同之处。但大体而言,汉语中的"西"具有荒凉和绝望之感,英语中的"西"则表示希望和美好。

3. "南"与 south

关于"南"的渊源,主要有两种说法:一是"南"原为乐器,后指乐曲名;二是"南"得名于"妊",取妊养万物之义。班固《白虎通义》:"南方者,任养之方,万物怀任也。"[①]《说文解字》指出:"南,草木至南方有枝任也。"可见,"南"最初并不指方位,后来才被假借为方位词,并在此基础上引申出其他含义。

在《现代汉语词典》(第5版)中,"南"有三个义项:一是方位词,四个主方向之一,清晨面对太阳时右手的一边;二是南部地区,指我国长江流域及其以南地区;三是姓。基于这些义项,"南"又延伸出其他文化含义。

第一,表示阳面。根据生活经验,人们发现山的南坡因阳光充裕,光照时间长,妊养万物,草木生长旺盛,所以人们将山的南面称之为"阳"。这种自然现象在唐诗中也有描述。例如:

鹧鸪

唐·李峤

可怜鹧鸪飞,飞向树南枝。

南枝日照暖,北枝霜露滋。

第二,象征富贵。南面的草木生长会更加茂盛,而草木的繁茂与人的富贵非常相似,所以"南"就有了富贵的象征意义。例如:

南巷有贵人,……北里有寒士,……东邻有富翁,……西舍有贫者……

(白居易《效陶潜体诗十六首》)

第三,在古代,有把男子从情欲的目的所嗜好的男子姿色称"南风","南风"又称"男风"或"南宠"。

与汉语中的"南"相比,英语 south 的文化内涵要少很多。对于英国人而言,south 仅表示方位概念,没有其他文化内涵。对

---

① 卢红梅.华夏文化与汉英翻译[M].武汉:武汉大学出版社,2006:319.

于美国而言,south 除了指方位,还指南方不发达地区,如 to go south 除了字面意思去南方外,还指经济下滑或破产。go south with something 在美国俚语中还表示"偷走某物,私吞某物"。

总体而言,汉语中的"南"象征着繁荣、尊贵、长寿等美好的事物,当然也存在贬义色彩。英语中 south 的文化意义并不丰富,只有美语中的 south 有一些贬义色彩。

4. "北"与 north

关于"北"字《说文解字》的解释是:"北,乖也,从二人相背。"李孝定在《甲骨文字集释》中也认为:"北,契文亦从二人相背,此其本义。至方名之北,则后假借。"就是说"北"的本义是两个人背靠背,这是"背"的本字,后来"北"被假借为表示北方,之后又从这个词义引申出其他意义。

《现代汉语词典》(第 5 版)指出"北"有四个义项:一是方位词,四个主要方向之一,清晨面对太阳时左手的一边;二是北部地区,在我国指黄河流域及其以北的地区;三是打败仗;四是姓。基于此,"北"又演化出其他文化内涵,具体如下。

第一,指幽暗的地方。因为北方背阳,气候潮湿,所以给人一种阴暗之感。

第二,象征女性。与南面的阳面相对,北面为阴面,而人们常认为女子为阴,因此常将北方与女子相联系。例如,古代建筑中的"北堂"常是母亲居住的地方,因此人们就用"北堂"指代母亲。

第三,象征死亡。这与"西"相似,如在《孔子家语·问礼》中就有"生者向南,死者北首"之说。

第四,表示败逃的意思。"北"这一会意字就像两人背靠背,在作战时,冲锋者一般会面向敌人,而逃跑者会背对敌人[①],据此汉语中的"北"引申出了失败之义,如败北、追北、逐北等。

而在英语中,与汉语"北"相对应的 north 仅是一个方位概念,几乎没有其他文化内涵。

---

① 李平.浅析具有中国特色的方位文化[J].语文学刊,2009,(14):172.

第六章 文化领域下的英汉人名、地名与方位词比较研究

（二）相互关系比较

通过上文的阐述可以看出,"东西南北"这几个方位词并不是孤立的,而是相互联系的。"东"与"西"相对应,"南"与"北"相对应,只有将他们放在一个统一对立体中,其意义才能够完整。以下就对四者的相互关系进行系统分析。

1."东"与"西"的相互关系

受传统伦理的影响,中国把很多东西都划分为尊卑,"东""西"也不例外。汉语中以"东"为尊,以"西"为卑,这主要基于"日出日落"这一自然现象和规律,再结合汉民族的"阴阳五行说"而得来的。具体体现为以下几点。

第一,用"东"来指代与太阳有关的事物。古代人们对太阳十分崇拜,汉语中又用"东"来指称太阳,可见人们是以"东"为尊的,如古代神话中的"东君"就是太阳神。

第二,一些尊贵事物的名称常带有"东"字,如"东宫"指太子的宫殿,用来指代太子,富贵人家住的宅子叫"东第",由此可见"东"的重要性。

第三,一些带有"东""西"字的事物的象征意义也能体现它们的尊卑差异,如"东风"给人带来温暖和希望,而"西方"使人具有萧瑟、苍凉之感。

但在汉语中,"东"与"西"的关系并不仅限于此,它们还有着几乎完全相反的关系,即以"西"为上,以"东"为下。我国发源于西部地区,而且来自西部地区的炎帝和皇帝是中原的主宰者,我们自称"华夏儿女"实际上就隐含着一种对"西"的崇拜心理。此外,官职名称和坐席次序也体现了这一点。在中国古代,由于皇帝坐北朝南,其右为"西",而右边为"上",因此重要的官职叫右职;其左边为"东",而左为"下",因此"东"为下。在主宾座位方面,主人一般将宾客安排在西面或者北边位置,以表示对宾客的尊敬。主人自己坐在东边或南边位置,以示谦卑。

在英语中,"东""西"的关系并没有那么对立和复杂,但西方人对二者的态度还是有差异的。西方人普遍喜欢"西",英国人对于"东"则十分厌恶,这主要源于气候因素。英国属于典型的温带海洋性气候,来自大西洋的西风为英国带来了充沛的降水,使得气候湿润宜人;而来自西伯利亚的东风干燥寒冷,使得人们十分不适。很多的英国文学作品都贬低过"东风",如狄更斯《大卫·科波菲尔》中的"How many winter days have I seen him standing blue nosed in the snow and east wind."

简单而言,汉语中以"东"为尊,以"西"为卑,但又以"东"为下,以"西"为上。英语中要简单许多,基本是以"东"为悲,以"西"为乐。

2."南"与"北"的相互关系

与"东"和"西"类似,"南"和"北"的关系也具有一定的矛盾性。一方面,中国人以"南"为尊,以"北"为卑。这主要以南面朝阳、北面背阳为基础,再结合"阴阳五行说"而得来。中国的古代君王都是坐南朝北,人们居住的房屋也都面南而建,这些都是"南"尊"北"卑的证明。另一方面,中国人以"北"为上,以"南"为下。中国的政治中心自古都在北方,所以也就产生了"北上南下"的说法,"北上"指从政,"南下"指经商。此外,在宴饮宾客时,除了西边的位置,就属北边的位置最为尊贵了。

而在英语中,"南"和"北"并没有太多的文化内涵,多只表示方位,因此它们之间的对应关系并不明显。

(三)组合顺序差异

1.双字组合差异

"东""西""南""北"不仅是方位概念,它们之间的组合也能表示方位和其他含义,这在英汉语言中十分常见,但它们之间的组合顺序差异很大。因为"南""北"两个方位词是产生于"东"和"西"之后,所以人们会说"东南""东北""西南""西北",

而不反过来说。英语中的组合方式则与汉语不同,西方人会说 southeast,northeast,northwest 与 southwest。由此可以看出英汉语言中"东""西""南""北"组合顺序的差异。

2. 四字组合差异

在汉语中,"东""西""南""北"这四个方位词同时出现相互组合的情况有两种,即"东西南北"和"东南西北"。这种组合情况主要是由方位词的尊卑观念决定的,表尊的词在前,表卑的词在后。英语中不存在四个方位词相组合的情况,它们只能组成短语。

总体而言,在文化领域下,英汉人名、地名和方位词有着丰富的文化含义,而且体现出显著的特点和差异。对英汉人名、地名和方位词的文化含义进行比较研究,将有助于人们更加深入地了解英汉文化以及英汉文化的差异与特色,也有利于人们更加有效地进行沟通。

第七章 文化领域下的英汉修辞层面的语言比较研究

语言中的习语、典故、禁忌语和委婉语都属于修辞层面的内容,也是语言的核心与精华,更是文化的重要组成部分,承载着丰富的文化内涵。英汉民族生存在不同的地理环境中,有着不同的历史文化、生活习俗和思维方式,这使得英汉修辞层面的习语、典故、禁忌语和委婉语表现出显著的差异。立足于文化领域,对英汉修辞层面的语言进行比较研究,将有助于英汉民族的人们了解更加深入,交流更加通畅。本章将对此进行详细分析。

第一节 文化领域下的英汉习语比较

习语是习惯使用而形成的固定语言形式,具体是指人们通过对生活经验以及社会现象的总结而形成的,经久流传下来的固定表达方式。习语是人类语言的精华,人类智慧的结晶,蕴含着丰富的文化含义。其不仅记录着一个民族的历史,更反映着一个民族的社会生活,折射着一个民族的思维方式和文化心态。此外,习语短小精悍,言简意丰,仅寥寥数语就能传达丰富的意义和神情,所以在语言中使用习语,能有效增添语言的美感。在文化领域下,习语的民族性十分突出,所以英汉习语存在一定的差异,而对英汉习语进行深入研究和透彻比较,可使人们更加深入地了解和有效地使用习语,而且便于不同民族的人们更进步一地了解不同民族的文化,进而更加有效地进行沟通。

第七章　文化领域下的英汉修辞层面的语言比较研究

一、英汉习语特征比较

（一）民族性

习语有着显著的民族性特征,这一特征源于人们的劳动创造,与人们的生活密切相关。习语犹如一面镜子,折射着一个民族的历史文化、风俗习惯、价值观念等,具有鲜明的民族特征。

习语能够反映人们的现实环境和生活经验。不同国家和民族的人们都生存在同一个地球上,因此有着某些相似的经验和意识。例如,英汉民族在古代缺乏科学知识,都将"心脏"（heart）当作思维、灵魂、情感的中枢,因此英汉语言中出现了很多与"心脏"有关的习语,如"心有灵犀"（mind acts upon mind）、"全心全意"（heart and soul）等。

（二）地域性

习语有着鲜明的地域性特征,不同的民族生存在不同的地理环境和社会环境中,所以即使表达相同的寓意时,所采用的比喻形式也会有所不同。也就是说,在一个地域里采用某种形式来表达的习语,在另一种语言中可能会采用更为熟悉或者惯用的其他事物来表达相同的含义。例如,汉语中"雨后春笋"这一成语在英语中的惯用表达却是 like mushrooms,这是因为英语中并没有"竹子"这种事物。再如,英语中的 as red as a rose,在汉语中则习惯表达为"火红"或"艳若桃李"。

（三）民间性

习语还体现出显著的民间性。广大劳动人们根据自己的生活实践经验创造出了丰富的、充满智慧的习语。田间的农民、海上的水手、家庭主妇等在从事生产劳动时,从周围的环境中发现规律,参悟道理,从而创造出言简意赅、形象生动、耐人寻味的词语。这些词语总结了人们的经验、生活中的感受、抒发了人们的想象力,并得到了普遍认可,进而成为某个行业的行话。之后经过人们的广泛应用和锤炼,逐渐发展成为家喻户晓的定型习语。

习语源自民间,必然会反映人们的日常生活。英汉民族的农民就根据丰富的耕作经验总结出了大量关于农业生产和气象的习语。例如:

朝霞不出门,
暮霞行千里。
今晨日未出,
晓气散如绮。
心疑雨再作,
眼转云四起。
我岂知天道,
吴农谚云尔。

(范成大《范石湖集》)

英语中也有关于气象状况的农谚:Evening red and morning grey help the traveler on his way; evening grey and morning red bring down rain his head.(红晚霞,早灰雾,旅客放心上路;晚灰雾,早红霞,便要大雨淋头。)

以上这些习语都是通过民间百姓的细心观察和总结得来的,充分体现了习语的民间性。

(四)整体性

习语具有整体性,这种整体性体现在两个方面。一方面,习语在意义上往往具有独立性,也就是说,习语的意义并不是组成它的单词的意义的总和,而是具有新的意义。例如,to lose one's head 这一习语的字面意思是"失去了头",但它的比喻意义是"仓皇失措"。

另一方面,习语的整体性要求不能按照字面意思来理解,而要将习语看成一个整体,这是因为很多习语意义的形成源于

第七章 文化领域下的英汉修辞层面的语言比较研究

民族历史文化,具有约定俗成的整体性。例如,in the arms of Morpheus(在梦乡里)(Morpheus是希腊神话中的"睡梦之神"),set the Thames on fire(惊人之举)(Thames是流经英国伦敦、牛津等地的一条大河,要在上面放火可谓是惊人之举)等都是借助历史文化形成的习语,在理解和使用这些习语时就不能忽视它们的整体性,要将它们作为一个整体来理解和使用。

(五)固定性

习语具有固定型,它是语言中相对独立的语言因素,其形式和意义也是相对固定的,也可以说是约定俗成的,不能任意改变。如果在使用习语时随意对其进行改变,会导致对方无法理解话语的含义。例如:

to be at liberty 不能改为 to be at freedom
stare one in the face 不能改为 look one in the face
"破釜沉舟"不能改为"破船沉舟"
"七上八下"不能改为"七下八上"
"南辕北辙"不能改为"东辕西辙"

(六)比喻性

习语的使用可以使语言达到某种修辞效果,这也就是习语的修辞性。以比喻性为例,很多习语都运用了比喻这一使用最为普遍和广泛的修辞手法。例如:

as mad as a March hare 像三月的野兔一样疯狂
as proud as a peacock 像孔雀一样骄傲
as clear as crystal 像水晶一样明澈
like a drowned rat 像落汤鸡
like a duck in water 如鱼得水
have a screw loose 把人的神经系统比喻成机器
五尺之童

三个臭皮匠,顶个诸葛亮

五十步笑百步

二、英汉习语渊源比较

英汉习语都有其渊源,有的源自神话,有的源自地理环境,有的源自文学典故等,可谓多种多样。在渊源这一层面,英汉习语有着一定的相似性。

(一)源自神话

神话传说是习语丰富的源泉,英汉语言中很多习语都与揭示世界起源、说明人生奥秘的神话故事有关。因不同民族神话赖以形成的地理、社会、历史等的不同,所以神话在不同的民族中也有着不同的地位和影响,并对习语文化产生不同的影响。

英语中的很多习语都源自古希腊、古罗马的神话传说。西方的诗歌、绘画、戏剧等无不与希腊神话有着密切的联系。在现在的文化史上,许多文化作家都从希腊神话中吸取典故。希腊神话已经渗透到英语文化中的各个角落,并对习语有着重大的影响。英语中与神话有关的习语具体如下:

Achilles's heel 唯一致命的弱点

apple of discord 祸根,不和之源

Pandora's box 灾祸之根源

汉语中的很多习语也与神话故事渊源颇深,它们多出自《山海经》,有的散见于经、史、子、集等书中。例如,"夸父逐日""后羿射日""鲧禹治水"等出自《山海经》,"女娲补天""嫦娥奔月"等出自《淮南子》。

(二)源自地理环境

汉英民族生存的客观地理环境不同,气候相异,所以也就形成了不同的生存方式,进而产生了不同的物质文化,同时衍生出

第七章 文化领域下的英汉修辞层面的语言比较研究

行为方式、思维模式、信仰、价值观念的差异,最终形成不同的精神文化。习语是语言的精华,是文化的主要组成部分,因此必然也反映着当地的自然风貌和生活方式。

英国位于欧洲西部的不列颠群岛上,多面环海,英国人常年以捕鱼为生,而且喜欢航海,并一度创造出了"海的文化",而这一文化特征在英语习语中有着鲜明的体现。例如:

cool fish 厚脸皮的人

cold fish 冷漠的人

have other fish to fry 另有他事要做

a big fish in a small pond 小地方的大人物

walk the plank 被解雇,被迫辞职

miss the boat 错过机会

fish in the troubled waters 浑水摸鱼

as close as an oyster 守口如瓶

fish in the air 缘木求鱼

a drop in the ocean 沧海一粟

a pretty kettle of fish 一团糟

a cold fish 冷酷无情的人

all at sea 不知所措

make waves 兴风作浪

plough the waves 乘风破浪

high water mark 顶点

to spend money like water 挥金如土

smooth sailing 一帆风顺

haul in one's sails 节制自己的欲望

all at sea 不知所措

between the devil and deep sea 进退两难

clean the deck 扫除障碍

cut and run 赶紧逃跑

hang in the wind 在风中摇摆不定,表示犹豫不决

know the ropes 知道窍门

weather the storm 安然度过了风暴

Hoist (your) sail when the wind is fair.

顺风扬帆。

In a calm sea, every man is a pilot.

风平浪静时，人人都可当舵手。

A small leak will sink a great ship.

小洞不堵要沉大船/千里之堤，毁于蚁穴。

中国地处亚洲东部，是一个历史悠久的农业国家，人们对土地有着深厚的情感，所以很多习语都与土地和农耕有关。例如，"一分耕耘，一分收获""根深蒂固""沧海桑田""春雨贵如油"等。

在早期的农业耕作中，生产工具十分落后，牛作为农耕的主要畜力，在人们的生活中发挥着重要的作用，所以人们常用牛来比喻埋头苦干、无私风险的精神，由此也产生了很多与之相关的习语。例如，"九牛一毛""力大如牛""初生牛犊不怕虎""俯首甘为孺子牛"等。

从汉英习语的比较可以看出，中国以农为本，安守田土、自给自足的农业社会滋生了一种安定守成、质朴厚重的文化特征。但英美民族的先祖生活的环境动荡不安、气候恶劣，因此他们逐渐养成了不断进取、崇尚竞争的民族个性，是典型的海洋文化和商业文化。所以，在比喻花钱大手大脚时，中国人用的是"挥金如土"，西方人却是 spend money like water。通过习语的差异足以看出英汉文化的不同。

（三）源自文学典故

文学作品不仅仅是一种语言艺术，也是人类精神的载体，记录着特定民族的心灵史。文学巨匠们通过文学作品记录着精彩的故事和富有教益的哲理，从而凝聚为语言的精华——习语。所以，文学典故是习语的重要源泉之一。相比较而言，汉语习语主要源自文化典籍和诗词，英语习语则主要源自戏剧和小说。

第七章　文化领域下的英汉修辞层面的语言比较研究

源自文学典故的英语习语具体如下。

have one's pound of flesh 无情的索债（源自莎士比亚戏剧《威尼斯商人》）

to drop mill stones 铁石心肠（源自莎士比亚的《理查二世》）

never say die 不要悲观，不要气馁（源自查尔斯·狄更斯的《匹克威克外传》）

Shangri-La 世外桃源（源自希尔顿的《消失的地平线》）

All one's geese are swans.

言过其实。（源自罗伯特·伯顿的《忧郁症分析》）

汉语中也有很多习语源自文学典故。例如，"辗转反侧""投桃报李"等源自《诗经》；"过犹不及""怨天尤人""道听途说"等源自《论语》；"桃园结义""身在曹营心在汉"源自《三国演义》。

（四）源自风俗习惯

风俗习惯是社会群体所共同创造和共同遵循的生活习惯和行为准则。英汉语言中很多的习语都源自风俗习惯，这在饮食方面有着鲜明的体现。饮食习俗是指人们在加工、制作和食用食物的过程中形成的民俗。饮食这种社会行为不仅能满足人们的生活需求，还承载着丰富的文化内涵，形象地体现着饮食文化。

英国的畜牧业十分发达，奶食和肉食充足，面包、牛奶和奶制品是英国人的主要食物，所以产生了很多与之相关的习语。例如：

earn one's bread 赚钱糊口

bread and water 粗茶淡饭

out of bread 失业

big cheese 大人物；大官

the cream of the crop 精华；最优秀的人或物

a piece of cake 小菜一碟，小事一桩

the milk of human kindness 人类的善良天性

high tea 正式的茶点

low tea 简单的午后便餐

中国的生活生产方式以农业和饲养业为主,这对人们的饮食结构产生了深远的影响,形成了独具特色的中国饮食文化,而且大量的习语从中产生。例如:

五谷丰登

鱼米之乡

顺藤摸瓜

三茶六礼

生米煮成了熟饭

硬面饺子,软面饼

大寒小寒,吃饺子过年

饺子破了皮——露馅了

肉包子打狗——有去无回

哑巴吃汤圆——心里有数

挂羊头,卖狗肉

癞蛤蟆想吃天鹅肉

羊肉不曾吃,空惹一身膻

萝卜青菜,各有所爱

看人下菜碟

冬吃萝卜夏吃姜

新瓶装旧酒

(五)源自价值观

价值观念往往可以体现一个人的生活态度和生活方式。中西方人的价值观念存在巨大差异,并且在习语中有所体现。西方人注重个人奋斗的价值,崇尚个性、自由,注重自我实现。西方人的独立精神以及对个人存在价值的尊重,使他们逐渐形成了求异忌同、标新立异的开拓精神。西方人追求的是以事实、法律为依据的科学文化。能够反映西方人这些价值观念的英语习语有很多。例如:

Self is our centre.

自我是我们的中心。

另外,西方人特别在乎个人的利益,视金钱为人生的重要一部分。例如:

Money is the key that opens all doors.

金钱是打开一切门户的钥匙。

相反,中国人有着很强的集体意识,认为集体的利益始终都高于个人利益,追求社会的和平统一。这种价值观念也体现在汉语习语中。例如,"一个篱笆三个桩,一个好汉三个帮""家和万事兴"等。另外,中国人以谦逊为美,随遇而安、知足常乐,而争强好胜、好出风头是不被看好的,如"枪打出头鸟"。中国人重义轻利,强调钱财取之有道。例如,"视金钱如粪土""君子爱财,取之有道"等。

第二节 文化领域下的英汉典故比较

典故是语言的精华,是民族文化的瑰宝,其反映着民族的发展历史,凝聚着民族的智慧。英汉语言中都包含大量的典故,他们都是由生动、形象的故事浓缩而成,而且精练含蓄,喻义发人深省。本节将对文化领域下的英汉典故进行比较研究。

一、英汉典故结构比较

就结构形式而言,英汉典故表现出一定的差异,以下分别进行论述。

(一)英语典故的结构形式

英语典故的结构形式比较灵活,句式长短不一,有的典故可能是一个词,有的典故可能是一句话,或者一段话。例如:

Ark 避难所

hair by hair you will pull out the horse's tail 矢志不移,定能成功

(二)汉语典故的结构形式

在结构形式上,汉语的典故结构较为紧凑,用词上也比较简单。汉语典故往往是由三个字、四个字组成,有时候也可能是两个字。当然,也有个别的字数比较多。例如:

探玄珠

舍生存义

螳螂捕蝉,黄雀在后

二、英汉典故渊源比较

(一)源自文学作品

英汉语言中,很多典故都源自文学作品,文学作品是典故取之不尽的源泉。无论是古典的还是现代的,很多文学作品中有鲜明特点的人或事都会被人们加以引用,最后凝聚成典故性词语。

西方文学成就辉煌,形式各异的文学作品浩如烟海,从中产生的典故更是数量巨大。其中,莎士比亚作品不仅艺术性高,而且也为后来的西方世界中文学典故形成提供了重要来源。例如,Shylock(夏洛克)是莎士比亚喜剧《威尼斯商人》中的一个人物,其十分爱财,而且手段残忍,因此喻指既吝啬小气又心狠手毒的人。

中国历代文学作品是汉语典故的主要来源之一。而且,各个时代都有其独特的文学创作形式,也蕴含了丰富的典故,下面举例加以说明。

源自神话故事的典故:

第七章 文化领域下的英汉修辞层面的语言比较研究

钻木取火

女娲补天

大禹治水

后羿射日

源自《诗经》的典故：

不稼不穑

蝇营狗苟

如临深渊，如履薄冰

它山之石，可以攻玉

巧言如簧，颜之厚矣

言者无罪，闻者足戒

源自诸子散文的典故：

三人行必有我师焉

助纣为虐

越俎代庖

一鸣惊人

智者千虑，必有一失；愚者千虑，必有一得

空城计

武松打虎

大闹天宫

刘姥姥进大观园

（二）源自历史史实

历史上发生过很多的重大事件，这些事件对当时以及后来的社会都产生了巨大影响，后来人们通过典故的形式对这些事件加以浓缩，以此来借古喻今。

西方的恺撒大帝骁勇善战，他指挥的鲁比肯河一战，给后人留下了很多经典的典故。例如：

burn one's boats 破釜沉舟，自断退路

the die is cast 木已成舟

worth one's salt 称职

中国在几千年的历史长河中不断变迁,每个特定的历史时期都给我们留下了丰富的语言财富,其中就包括记录历史人物和历史事件且寓意深刻、发人深省的典故。

与曹操有关的典故:

讳疾忌医

老骥伏枥

青梅煮酒

望梅止渴

与诸葛亮有关的典故:

三顾茅庐

鞠躬尽瘁

锦囊妙计

草船借箭

与战争相关的典故:

声东击西

偃旗息鼓

揭竿而起

势如破竹

草木皆兵

运筹帷幄

背水一战

(三)源自寓言故事

寓言故事多是一些短小精悍的故事,篇幅虽然不长,但寓意十分深刻。

英语中源自《伊索寓言》《格林童话》《安徒生童话》的寓言童话故事有很多,以下举例分析。

kill the goose that lays the golden eggs 出自《伊索寓言》,讲

的是有一个人拥有一只母鸡,这只母鸡生产出一个漂亮的金蛋。这个人以为母鸡肚子里面有金块,就把这只母鸡给杀了,等到剖开一看,里面与普通母鸡一样。这则典故的意思是"为了眼前的利益,而牺牲将来的利益"。类似的还包括:

to cry wolf 狼来了,比喻说谎

the grapes are sour 酸葡萄,比喻可望而不可及之物

中国也有很多的典故源自寓言故事,而且这些寓言故事多散布于古代典籍之中,以来自先秦时期的典籍为最多。例如:

愚公移山

买椟还珠

守株待兔

揠苗助长

画蛇添足

一曝十寒

东郭先生

刻舟求剑

(四)源自人名、地名、动植物

英汉语言中还有很多典故源自人名、地名和动植物。

英语中,be in Burke 源自人名;shed crocodile tears 源自动物;carry the coal to New castle 源自地名;paint the lily 源自植物。

汉语中,"司马昭之心,路人皆知"源自人名;"东山再起"源自地名;"谈虎色变"源自动物;"鸟语花香"源自植物。

第三节　文化领域下的英汉禁忌语比较

禁忌语是指人们在社会生活中受到本民族文化传统及社会风俗的影响,在日常生活中忌讳人们说某种话或做某种事情从而采取规避的词语表达出来的语言。禁忌语涉及的范围十分广泛。违背禁忌语的原则,就意味着触犯社会规范和民族交际原则,造成不良的后果。中西方语言中都存在大量的禁忌语,因二者的文化背景有很大的不同,反映到语言上的避讳与禁忌也极为不同。本节将对文化领域下的英汉禁忌语进行比较研究。

一、英汉禁忌语特征比较

(一)民族性

每一个民族都有自身特有的文化,这是区别于其他民族的重要标志。语言是文化的表现形式,具有民族性特征,对此禁忌语也就有了民族性特征。中西方国家身处于不同的文化圈,在历史长河的发展过程中人们形成了不同的价值观念和风俗习惯,这使得中西方的禁忌语在某些方面存在差异,而这也就是禁忌语的民族性特征。

在中国,当有人身体不舒服时,为了表示关心,人们常会说一些关怀和礼貌的话,如"你应该去医院""你应该去看病"。

而在西方国家,当发生类似的情况时,如果对美国朋友说"You should see the doctor!"(你应该去医院看看!)他们就会不高兴,因为在他们看来这是很私人化的事情,没有必要其他人来指教。

可以看出,禁忌语的民族性特征十分明显,与不同民族的文化背景密切相关。

第七章 文化领域下的英汉修辞层面的语言比较研究

（二）普遍性

每一种事物都有其区别于其他事物的独特性标志,但世界上的很多事物又具有一些普遍性的特征,语言文化也是如此。英汉语言分属于不同的语系和民族,其区别显而易见,但共性也是可见的。例如,英汉民族都忌讳死亡,对此中国人常会用"逝世""去世""驾鹤西去"等词语来代替;而西方人常会用 go the way of all flesh, be at rest 等来取代 die。

（三）时代性

语言在随着社会的变化而不断发展,禁忌语也是如此。禁忌语在不同的年代有着不同的表达方式,甚至有些本来属于禁忌的随着时代的发展而不再是禁忌了。

例如,"小姐"一词在不同的时代就有着不同的含义。(1)在宋朝时期,"小姐"是对处于底层的妇女或青楼女子的称呼。(2)在近代民国时期,"小姐"是对未婚女子的称呼(通常是指富贵人家或书香门第人家的子女)。(3)在现代,"小姐"是对所有没有结婚女子的称呼,而且无论年龄大小。(4)当今,"小姐"是对利用青春及肉体从事色情行业的女性。

在西方文化中,一开始"性"属于比较晦涩的词语,被视为禁忌语,但随着社会的发展,关于"性"的表达开始变得较为随便,不再是禁忌语。

"同性恋"一词一度被视为禁忌语,即使在一些开明程度较高的国家,也被视为禁忌。但随着时代的发展,同性恋行为开始逐渐被人们接受。这些都体现了禁忌语的时代性特征。

（四）可持续性

语言与文化具有传承性,它们会随着社会的发展而一代代传承下去,禁忌语作为语言的一部分,并不会随着时间的推移而消失,而是持续发展。很多的禁忌语经历多年而继续存在,这就是禁忌语的可持续性。例如,中西方国家一直以来都对死亡十分忌讳,这一禁忌并未随着时代的发展而消失。

（五）环境性

语言受环境的影响,也就是说人们在说话时受特定语境的影响,不同的语言受不同环境的影响,即使相同的语言在不同的环境中所表达的意思也是不同的。

现代的人们都十分注重个人隐私,对于年龄、婚姻状况、收入情况等都十分敏感,但是在需要填写年龄、婚否、收入的登记表时,人们的忌讳就又不存在了。在表示想要大小便时,在一般比较随意的场合,人们常会用"方便"一词,但在一些正式场合,人们则会用"去洗手间",这都是受到环境的影响。当在家里面对亲人或朋友时,人们会很随意地说出来,但是当环境换成正式场合,面对的是同事或上司时,它们又变成了禁忌语。这也就是禁忌语的环境特征,在某一环境中不是禁忌语,在另一环境中又成了禁忌语。

二、英汉不同禁忌语比较

（一）隐私

在英汉文化中,尽管人们在表达问候的时候都遵循了礼貌原则,但当双方碰面时都潜意识地根据自己的语用习惯打招呼,再加上缺乏对对方国家传统文化的了解,就很有可能引发误会。

中国人在交谈时常会问"你家那位是干什么的？""你这件衣服多少钱买的？"等问题,以表达对朋友的关心,从而拉近距离。当人们被问及"你去哪儿了？"或"你干吗去？"时,常会当作一种关心的问题。但在西方国家,这些问题都属于对隐私的干涉和侵犯。西方人都十分注重隐私,很少过问别人的年龄、收入、婚姻等状况,也不希望别人过问自己这些问题。如果不了解这些,在交际过程中就会产生误解。

(二)人名避讳

在中国封建社会,皇权至高无上的特征要求凡与帝王以及皇族的名字相同的任何名称都要更改。避讳的成规,臣民对君主及其亲属,晚辈对长辈,普通人对圣人、贤者都要尊敬,不能直呼其名。

在中国传统文化中,人名避讳包括国讳、家讳和圣人讳,分别用来专避帝王、家族中列祖列宗和圣人。国讳即国君的姓名用字讳,君王象征着至高无上的权威,任何人不得提及、使用他的名字,若有与君王名字有相同的音形,必须避开。例如,为避唐太宗李世民的"世民"二字,改"世"为"代",改"民"为"人"。名人讳通常仅限孔子、老子等古代圣人的名字,但有些地方也把地方最高官吏的名字作为用字讳。例如,宋朝某知州名田登,为避"登"字,规定百姓不能说"点灯",而用"放火"代替。家讳即家中长辈人名用字讳,人们不能随便提及长辈的名字。例如,司马迁写《史记》时,因其父名"谈",他就把《史记》中凡涉及"谈"字的地方,都改为"同"。中国的名字避讳制度体现了中国尊祖敬宗的习俗。目前,我们的称谓制度还在一定程度上受到名字避讳的影响。例如,在中国,晚辈要敬重长辈,人们不能直呼双亲或祖先的名字。

在西方国家,在名字选择上没有太多的避讳,西方人常常使用父辈名字,以表达某种纪念意义,可能是为了表达父母的骄傲,也可能是为了纪念家族中的某一位成员,或是为了表达对家族中某个成员的爱戴和敬仰等。此外,西方也没有避国王讳的例子。例如,国王叫William,平民也可以叫。这是因为在西方没有强烈的宗族,也没有森严的等级制度,家庭之间的关系比较松散,他们更注重人与人之间的平等。

（三）数字禁忌

中西方对数字有着不同的偏好和禁忌。比如，西方人不喜欢"13"，并且竭力避免这个数字，这大概与耶稣之死有关，因为13日正是耶稣被钉死在十字架上的日子；另外也可能与亚当和夏娃因为偷食禁果被逐出伊甸园的日子13号（星期五）有关。于是，西方人也不喜欢星期五，如 A Friday face（忧郁的颜色）。

中国人或许因为谐音，很避讳说"4"（死）。因此，在选择一些号码时，会尽量避开"4"。

英汉语言中还有很多的禁忌语，而且体现出一定的差异，但这里不再一一介绍。

第四节　文化领域下的英汉委婉语比较

委婉语是一种修辞格，是人们在避免谈论一些尴尬或不快的事情时所使用的一种含蓄委婉、烘托暗示、礼貌的表达方法，是协调人际关系的重要手段，更是一种文化现象。委婉语的产生主要是从禁忌开始的。无论是何种社会、何种文化，都存在着语言禁忌。从古至今，人们都会对一些事物心存忌讳。为了人们都能接受，为了交际的顺利进行，为人所忌讳的字眼就必须用一些非禁忌的词语来替代，敏感、刺激的话题必须要以一种人们认为高雅、得体的形式出现。由于所处的文化背景不同，因此英汉委婉语也存在一定的差异。本节将对文化领域下的英汉委婉语进行比较分析。

一、英汉委婉语功能比较

就委婉语的功能而言，英汉委婉语的功能是相同的，具体表现为以下几点。

第七章 文化领域下的英汉修辞层面的语言比较研究

（一）避讳功能

委婉语源自禁忌。禁忌并非一个国家或民族所有，而是人类社会普遍存在的文化现象，为了避讳这一现象，在语言中就形成了禁忌语，由此委婉语也就具有了避讳功能。在英汉两种语言中，避讳主要体现在病、死、丧、葬等方面。例如，"死亡"是任何人都不愿直接谈论和感到敏感的话题，关于它的委婉语，汉语有"辞世""归天""离去"等，英语有 pass away, be gone, depart, to kiss/bite the dust 等。生病也是人们所避讳的，因此人们总是采用委婉的说法来谈论疾病，如汉语中常用"挂彩"来替代"受伤"，用"失明"来替代"眼瞎"，用"重症"来替代"癌症"等；英语中常用 in a bad way 来代替 ill，用 mental problem 来代替 mad，用 the big C 来代替 cancer 等。

（二）礼貌功能

礼貌本身是日常生活行为中具有道德或伦理意义的一项行为准则，包括人们为维护和谐的人际关系所做出的种种努力。[①]在语言的交流过程中，为了表示对对方的尊重，或顾及自己和别人的面子，经常使用委婉语。例如，在中国，通常将"长胖"称之为"富态"或"发福"，往往将"失业"称之为"下岗"等。在问候别人姓名时，中国人常用"尊姓大名""贵姓"等词语，以显示礼貌。在英语中，说话人为了显示自己的彬彬有礼，常用"May I know your name?"而不用"What's your name?"

此外，出于礼貌和尊重，现代人常用带有褒义色彩的委婉语来表示一些职位的名称，如英语中用 guest worker 代替 foreigner labour，用 sales representative 代替 salesman，用 landscape architect 代替 gardener 等。在汉语中，这一现象也十分普遍，如用"家政"代替"保姆"，用"汽车美容师"代替"修车工人"，用"发型设计师"

---

① 李宁.英汉委婉语比较[J].长江大学学报，2011，（2）：89.

代替"理发师"等。

（三）掩饰功能

委婉语具有掩饰功能。这是因为委婉语常使用一些模糊性词语,使语言具有一定的模糊性,所以能有效掩饰说话人不愿直接表达的事物,起到很好的掩饰效果。例如,在谈论某人进了监狱时,常会用"He is now living at the government's expense."来委婉表达。在外交方面,在表明双方在某些问题上还没有达成一致时,常会使用"谈判是有益的和富有建设性的""双方进行了建设性的会谈"这些字眼。此外,为了掩饰直接表达产生的尴尬,还经常将backward countries（落后的国家）说成是developing countries（发展中国家）, the third world countries（第三世界国家）等。

二、英汉具体委婉语比较

（一）与生理有关的委婉语

与生理有关的委婉语就是对于长相丑陋、身材肥胖或生理有缺陷的表达中的委婉语。在英语中,ugly是一个禁忌语,一般要用plain（平常）和homely（不好看）来替代;skinny也是一个禁忌语,其不可以直接用于形容女性纤瘦,而要用slim来代替,因为skinny带有皮包骨头不健康的意思。

需要指出的是,随着社会的发展和文明程度的提高,出现了大量用于残障人士的委婉语,其一方面体现了社会的人文关怀,另一方面也避免了对生理有缺陷的人的心理伤害。例如：

  visually retarded 视力有障碍
  hard of hearing 听觉困难的
  auditory-impaired 听觉损伤的
  defective hearing 听力有缺陷的

physically inconvenience 行动不便的

另外，为了避免一些生理现象带来尴尬，也要适时选用婉转的表达。

（1）可以替代 fart（放屁）的表达。例如：

make a noise 弄点响声

wind from behind 从后面来的风

let a breeze 来一阵微风

pass wind/air 排气

（2）可以替代 urinate（小便）的表达。例如：

make water 造水

pass water 排水

do number one 一号

answer the call of nature 自然需要

caught short 被搞得措手不及

ease/relieve oneself 使自己舒适一下

（3）可以替代 defecate（大便）的表达。例如：

move the bowels 轻松一下肠子

do number two 二号

在汉语中，人们常用"方便""解手""更衣""出恭""如厕"等表达大小便，还将马桶称为"净桶"或"恭桶"，将厕所称作"卫生间""洗手间"或"更衣室"。同样，英语为了避免粗俗与尴尬，也会用一些委婉语表达。

汉语表达"肥胖"时通常用"丰满"；说某人残疾时，会用"聋哑人""弱势群体"替代。

(二)与"老"相关的委婉语

在西方国家，old 代表衰老、无用，所以西方老人特别反感这个词。对此，在表达 old 时，应该避免出现这个词，应该使用其他相对隐晦的表达。例如：

be getting on years 年岁增长

elderly people 年龄较大的人
feel one's age 感觉上了年纪
getting on（in years）上了年纪
golden years 金色年华
grey-headed people 灰头发的人
in sunset years 进入暮年
mature people 成熟的人
past one's prime 已过壮年
reach one's golden age 进入黄金年华
seasoned men 有丰富经验的人
seasoned people 老练的人
second childhood 第二少年期

（三）与疾病有关的委婉语

对于疾病，西方人是比较忌讳的，因此在表达相关疾病时，应尽量使用委婉的表达。例如：

Ca，the Big，the big C，a growth（赘生物），long illness（久病），terminally ill（晚期病）等替代 cancer（癌症）。

heart condition（心脏状况有异）替代 heart attack（心脏病）。

Hansen's disease（汉氏病）替代 leprosy（麻风病）。

mentally ill/handicapped（精神上有问题），mentally disturbed（精神上受打扰），deranged（精神错乱）等替代 mad，crazy 或 insane（疯）。

irregularity（不规则）替代 constipation（便秘）。

blossom（花），beauty spot（美丽豆；美人斑）替代 pimple（丘疹）。

preventable disease（可以预防的疾病）替代 syphilis（梅毒），aids（艾滋病）等。

social disease（社会性疾病）替代 venereal disease（性病）。

中国人对疾病也十分忌讳，希望远离疾病，所以与疾病有关的词语都是禁忌语。为了顾及病患及家属的感受，一般会用委婉代替疾病方面的禁忌语,如用"欠安"表示生病,用"不好的病"表示不治之症。当然,很多具体病症也是有能替代禁忌语的表达,如表达受伤时用"挂彩",表示肺结核时用"怯症",表达腹泻时用"河鱼",表达疟疾时用"打摆子",表达性病时用"花柳病"等。

(四)与死有关的委婉语

无论对于哪一个国家的人而言,死亡都是一个恐怖和避讳的话题,对此人们会采用不同的委婉形式来表达死亡。

在英语中,表示"死亡"的表达十分丰富。

(1)用一个单词表示死亡。例如:

decrease, depart, hang

(2)用两个单词表示死亡。例如:

check out

fall asleep

go up

go west

kick in

kick off

pass away

suffer death

(3)用三个单词表示死亡。例如:

be gone forever

be no more

catch one's death

cease to exist

end one's day

go to glory

lay to rest

meet one's death

rest in peace

slide into oblivion

（4）用四个或四个以上单词表示死亡。例如：

answer the last call

breath one's last breath

depart to the world

emit one's last breath

give up one's life

give up the ghost

kick up one's heels

lay down one's life

pay the debt of nature

return to the dust

汉语中也有很多表达"死亡"的婉转表达。

（1）用一个字表达死亡。例如：

毙、逝、卒、亡、崩、陨

（2）用两个字表达死亡。例如：

长眠

闭眼

大故

归西

鹤化

去世

升天

故世

圆寂

作古

归寂

亡故

谢世

永眠

仙逝

仙游

（3）用三个字表达死亡。例如：

睡着了

上西天

山陵崩

（4）用四个字表达死亡。例如：

溘然长逝

寿终正寝

驾鹤西游

马革裹尸

百年之后

一命呜呼

舍生取义

香消玉殒

总体而言，基于文化领域，英汉习语、典故、禁忌语和委婉语各具特点且差异显著，了解英汉这些语言精华的文化内涵，有利于更加深入地了解中西方文化，从而在跨文化交际中更加有效地进行交流。

第八章　文化领域下的英汉交际行为比较研究

由于国与国交往的日益紧密,跨文化交际越来越频繁。但是,在跨文化交际中,难免会出现一些失误,这些失误出现的主要原因在于交际双方不了解中西方的交际行为。由于受历史因素、思维因素等层面的影响,中西方在交际行为上存在明显的差异性,这就给跨文化交际带来了一定的困难和障碍。为了更加有效地推进中西方的跨文化交际,本章就对文化领域下的英汉交际行为进行比较与研究。

第一节　文化领域下的言语交际行为比较

在不同文化中生活的人不难发现,不同文化的人的说话方式存在着明显的差异,这不仅体现在词汇、语法等层面,更明确地表现在他们的语言方式上。本节首先对言语交际进行解析,进而探讨文化领域下英汉言语交际行为的差异。

一、言语交际分析

(一)言语交际的含义

语言是人们进行交际的重要因素之一。语言跨越了人们的心理、社会等层面,与之相关的领域也很多。对语言进行研究不仅是语言学的任务,也是心理学、社会学等学科的任务和内容。因此,语言与交际关系的研究具有明显的跨学科性。

第八章 文化领域下的英汉交际行为比较研究

人具有很多特征,如可以制作工具、可以直立行走、具有灵巧的双手等,但是最能够将人的本质特征反映出来的是人的语言。人之外的动物也可以通过各种符号来进行信息的传递,如海豚、蜜蜂等都可以传递信息,但是它们所传递的信息只能表达简单的意义,它们的"语言"是不具备语法规则的,也不具有语用规则。

人们往往通过语言对外部世界进行认识与理解。语言具有分类的功能,通过分类,人们可以对事物有清晰的了解与把握。人们的词汇量越丰富,他们对外部世界的认识就越清晰、越精细。

(二)言语交际的过程

人们在进行言语交际的过程中,往往会存在一个信息取舍的过程。下面通过图8-1来表达言语交际的具体过程。

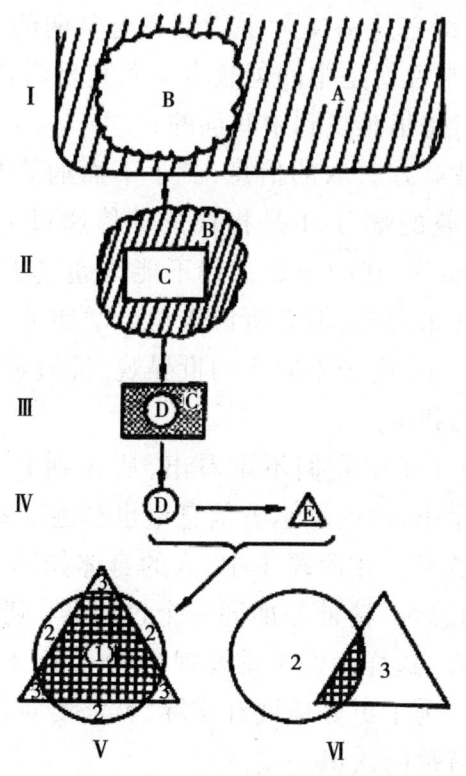

图8-1 言语交际的过程

(资料来源:陈俊森、樊葳葳、钟华,2006)

在图 8-1 中，A 代表的是人们生活的无限世界，B 代表的是人类的听觉、视觉、嗅觉、味觉、触觉这五种感官所能触碰到的部分，如眼睛可以触碰到光线的刺激，耳朵可以触碰到 20~2 万周波声。另外，当这些感官不能处理多个信息的时候，在抓住一方时必然会对另一方进行舍弃。不过，还存在一些不是凭借五感来处理，而是通过思维和感觉来处理的部分。例如，平行的感觉、时间经过的感觉就属于五感之外的感觉。人们在头脑中进行抽象化的思维，有时候与五感的联系不大。

C 代表的是五感可以碰触的范围中个人想说、需要注意的部分。D 代表的是个人注意的部分中用语言能够传达出来的部分，这里也具有一定的抽象性。例如，人的知觉是非常强大的，据说可以将 700 万种颜色识别出来。但是，与颜色相关的词汇并不多。就这一点来说，语言这一交际手段是相对贫弱的。同时，语言具有两级性，简单来说就是中间词较少。尤其是语言中有很多的反义词，如善—恶，是很难找到中间词的。

E 代表的是对方获取的信息，到了下面的第 V 阶段，是 D 和 E 的重叠，在重叠的部分，1 是指代能够传递过去的部分，2 与 3 是某些问题的部分，其中 2 是指代不能传递过去的部分，3 是指代发话人虽然并未说出，但是听话人自己增加了意义的部分。在跨文化交际过程中，由于不同人的世界观、价值观不同，因此完全有可能形成 VI 的状况。

总之，从图 8-1 中我们不难看出，从 A 到 E 下降的同时，形状的大小也在缩小，这就预示着信息量也在逐渐变小。这里面就融入了抽象的意义。在阶段 I 中，人的身体如同一个过滤器；在阶段 II 中，人的思维、精神等如同一个过滤器；到了阶段 III，语言就充当了过滤器。这样我们不难发现，言语交际不仅有它的长处，也有它的短处。为了更好地展开交际，就需要对言语交际的这一长处与短处有清楚的认识。

（三）言语交际的内容

在影响跨文化交际的多个因素中，语言作为文化的重要表现，是跨文化交际的一大障碍。从萨丕尔—沃尔夫（Sapir-Whorf）假设中我们不难发现，语言是人们对社会现实进行理解的向导，对人们的感知和思维有着重要的影响。无论是何种语言，都有其独特的语音、词汇、语法、语言风格等。学习一门外语，了解其语言习惯与交际行为有着十分重要的意义。

1. 言语调节

语言并不是一个简单的交流工具，语言不仅是文化的载体，它还是个人和群体特征的表现与象征。一般来说，能否说该群体的语言是判断这个人是否属于该群体的标志。同样，某些人都说同一语言或者同一方言，那么就可以很自然地认为他们都源自同样一种文化，他们在交流时也会使用该群体文化下的行为规范、价值观念、交际风格，因此也会让彼此感到非常轻松。正因为所说的语言体现出发话人的身份，而且人们习惯于与说自己语言的人进行交流，因此学外语的热潮无论在国内还是国外都很高涨，人们都想得到更多群体的认同。不仅如此，语言还标志着一个民族的文化独立与主权，其对于一个国家、民族而言是非常重要的。统一的语言是民族、群体间的黏合剂，其有助于促进民族的团结。更为有趣的一点是，人们对其他民族语言如此的崇尚，往往会产生爱屋及乌的想法，对说这种语言的外国人会不自觉地流露出亲近与欣喜之情。

语言具有的这种个人身份与凝聚力预示着言语调节的必然性。所谓言语调节，又可以称为"交际调节"，即人们出于某种动机，对自己的言语与非言语行为进行调整，目的是与交际对象建构所期望的社会距离。一般而言，发话人为了适应交际对象的接受能力，往往会迎合交际对象的需要与特点，对自己的停顿、语速、语音等进行稍微调整。

常见的言语调节有妈妈言语、教师言语等,就是妈妈、教师等为了适应孩子或者学生的认知与知识水平而形成的一种简化语言。这属于一种趋同调节的现象,有助于更好地进行交流,达到更好的交流效果。当然,与趋同调节相对,还存在趋异调节,其主要目的是维持自己文化的鲜明特征与自尊,对自己的言语与非语言行为不做任何的调整,甚至夸大与交际对象的行为,这种现象的产生正是由于语言作为文化独立象征以及个人身份而造成的。或者说,趋异调节的产生可能是因为发话人不喜欢交际对象,或者为了让对方感受未经雕饰或者原汁原味的语言。总之,无论是趋同调节,还是趋异调节,都彰显了发话人希望得到交际对象的认同,通过趋同调节,我们希望更好地接近对方;通过趋异调节,我们希望能够保持一定的距离。因此,理想的做法应该做到二者的结合,不仅要体现出自己向往与对方进行交际的愿望,还要保证一种健康的群体认同感。

需要指出的是,在影响言语调节的多个因素中,民族语言活力有着非常重要的影响作用。所谓民族语言活力,即某一语言的社会经济地位以及说这种语言的分布情况与人数等。如果一种语言的活力大,那么对社会的影响力也较大,具有较广的普及率,政府与教育机构也会大力支持,人们也会更加青睐。这是因为人们会将说这种语言的人与语言本身的活力相关联,认为这些人会具有较高的声望,所以愿意被这样的群体接受与认同。

在跨文化交际中,言语调节理论证明了跨文化交际与其他交际一样,不仅是为了交流信息与意义,更是个人身份协商与社会交往的过程。来自不同文化的交际双方在使用中介语进行交流时,还需要注意彼此的文化身份与语言水平,进行恰当的调节。

2. 交际风格

在言语交际中,交际风格是非常重要的层面。著名学者威廉·古迪孔斯特和斯特拉·廷图米(William Gudykunst & Stella

第八章　文化领域下的英汉交际行为比较研究

Ting-Toomey)论述了四种不同的交际风格,即直接与间接的交际风格、详尽与简洁的交际风格、以个人为中心与以语境为中心的交际风格、情感型与工具型的交际风格。

第一,在表达意图、意思、欲望等的时候,有人会开门见山,有人却拐弯抹角;有人直截了当,有人却委婉含蓄。美国文化更注重精确,美国英语的运用在很大程度上与这一点相符。从词汇程度上来说,美国人常使用 certainly, absolutely 等这样意义明确的词汇。从语法、句法上来说,英语句子一般要求主谓宾齐全,结构要求完整,并且使用很多现实语法规则与虚拟语法规则。从篇章结构上来说,美国英语往往包含三部分:导言、主体与结论,每一段具有明确的中心思想,第一句往往是全段的主题句,使用连词进行连接,保证语义的连贯。与之相对的是中国、日本的语言,常用"可能""或许""大概"这些词,篇章结构较为松散,但是汉语中往往形散神不散,给人回味无穷的韵味。

英汉语言的差异,加上受个人主义与集体主义的影响,导致了英美人与中国人交际风格的差异。中国文化强调和谐性与一致性,因此在传达情感与态度以及对他人进行评论与批评时,往往比较委婉,喜欢通过暗示的手法来传达,从而避免难堪。如果交际双方都是中国人,双方就会理解,但是如果交际对象为英美人,就会让对方感到误解。因此,从英美人的价值观标准上来说,坦率表达思想是诚实的表现,他们习惯明确地告知对方自己的想法,因此直接与间接的交际风格会出现碰撞。

第二,不同的交际风格有量的区别,即在交流时应该是言简意赅,还是详细具体,或者是介于二者间的交际风格。威廉·古迪孔斯特和斯特拉·廷图米在对其他学者的研究结果进行研究的基础上指出,中东的很多国家都属于详尽的交际风格,北欧和美国基本上属于不多不少的交际风格,中国、日本等亚洲国家属于简洁的交际风格。这是因为,阿拉伯语言本身具有夸张的特点,这使得阿拉伯人在交际中往往会使用夸张的语言来表达思想和决心。例如,客人在表达吃饱的时候,往往会多次重复"不能再吃了",并夹杂着"向上帝发誓"的话语,而主人对 no 的理解也不是停留在表面,而认为是同意。中国、日本作为简洁交际风格的代表,主要体现在对沉默、委婉的理解上。中国人认为"沉默是金",并认为说话的多少同地位有着密切的关系。一般来说,中国的父母、教师属于说教者,子女、学生属于听话者。美国文化中反对交际中的等级制,主张平等,因此子女与父母、学生与教师都享有平等的表达思想的机会。

第三,威廉·古迪孔斯特和斯特拉·廷图米提出了以个人为中心—以环境为中心的交际风格。以个人为中心的交际风格是采用一些语言手段,对个体身份加以强化;以环境为中心的交际风格是运用语言手段,对角色身份进行强化。这两种交际风格的差别在于:以环境为中心的交际风格是运用语言将社会等级顺序进行反映,将这种不对等的角色地位加以彰显;以个人为中心的交际风格是运用语言将平等的社会秩序加以反映,对对等的角色关系加以彰显。同样,在日语中,存在着很多的敬语和礼节,针对不同的交际对象、交际场合、角色关系等,会使用不同的词汇、句型,并且人际交往也非常正式。如果是在一个非正式的场合,日本人往往会觉得不自在,在他们看来,语言运用必然与交际双方的角色有着密切的关系。与中国、日本的文化存在鲜明对照的是英语,英美文化推崇直率、平等与非正式,因此他们在使用语言进行交际时往往使用那些非正式的称呼或者敬语,这种交际风格表达是美国文化对民主自由的推崇。

第四,中西方交际风格的差异还体现在情感型—工具型的区别上。情感型的交际风格是以信息接收者作为导向,要求接收者具备一定的本能,对信息发出者的意图要善于猜测与领会,要能够明白发话人的弦外之音。另外,发话人在信息发送的过程中,要观察交际对方的反应,及时地改变自己的发话方式与内容。因此,这样的言语交际基本上是发话人与听话人之间信息与交际关系的协商过程。相比之下,工具型的交际风格是以信息发出者作为导向,根据明确的言语交际来实现交际的目标,发话人明确地

第八章 文化领域下的英汉交际行为比较研究

阐释自己的意图,听话人就很容易理解发话人的言外之意,因此与情感型的交际风格相比,听话人的负担要轻很多。可见,工具型的交际风格是一种较为实用的交际风格。

显然,上述几种交际风格是相互关联与渗透的,它们是基于不同的文化价值观建立起来的,其中影响力最大的是集体主义与个人主义的差异,其在社会的各个领域都得以贯穿,并从很大程度上决定中西方文化的不同。

3. 言语行为

奥斯汀(Austin)的言语行为理论首次将语言研究从传统的句法研究层面分离开来。奥斯汀从语言实际情况出发,分析语言的真正意义。言语行为理论主要是为了回答语言是如何用之于"行",而不是用之于"指"的问题,体现了"言"则"行"的语言观。奥斯汀首先对两类话语进行了区分:表述句(言有所述)和施为句(言有所为)。在之后的研究中,奥斯汀发现两种分类有些不成熟,还不够完善,并且缺乏可以区别两类话语的语言特征。于是,奥斯汀提出了"言语行为三分说",即一个人在说话时,在很多情况下,会同时实施三种行为:以言指事行为、以言行事行为和以言成事行为。

(1)表述句和施为句

其一,表述句。以言指事,判断句子是真还是假,这是表述句的目的。通常,表述句是用于陈述、报道或者描述某个事件或者事物的。例如:

桂林山水甲天下。

He plays basketball every Sunday.

以上两个例子中,第一个是描述某个事件或事物的话语;第二个是报道某一事件或事物的话语。两个句子都表达了一个或真或假的命题。

换句话说,不论它们所表达的意思是真还是假,它们所表达的命题均存在。但是,在特定语境中,表述句可能被认为是"隐性施为句"。

其二,施为句。以言行事是施为句的目的。判断句子的真假并不是施为句表达的重点。施为句可以分为显性施为句和隐性施为句。其中,显性施为句指含有施为动词的语句,而隐性施为句则指不含有施为动词的语句。例如:

I promise I'll pay you in five days.

I'll pay you in five days.

这两个句子均属于承诺句。它们的不同点是:第一个句子通过动词 promise 实现了显性承诺;而第二个句子在缺少显性施为动词的情况下实施了"隐性承诺"。

总结来说,施为句主要有如下几个特点。

第一,主语是发话者。

第二,谓语用一般现在时第一人称单数。

第三,说话过程为非言语行为的实施。

第四,句子为肯定句式。

隐性施为句的上述特征并不明显,但能通过添加显性特征内容进行验证。例如:

学院成立庆典现在正式开始!

通过添加显性施为动词,可以转换成显性施为句:

(我)(宣布)学院成立庆典现在正式开始!

通常,显性施为句与隐性施为句所实施的行为与效果是相同的。

(2)言语行为三分法

奥斯汀对于表述句与施为句区分的不严格以及其个人兴趣的扩展,很难坚持"施事话语"和"表述话语"之间的严格区分,于是提出了言语行为三分说:以言指事行为、以言行事行为和以言成事行为。指"话语"这一行为本身即以言指事行为。指"话语"时实际实施的行为即以言行事行为。指"话语"所产生的后果或者取得的效果即以言成事行为。换句话说,发话人通过言语的表达,流露出真实的交际意图,一旦其真实意图被领会,就可能带来

第八章 文化领域下的英汉交际行为比较研究

某种变化或者效果、影响等。

言语行为的特点是发话人通过说某句话或某些话,执行某个或多个行为,如陈述、道歉、命令、建议、提问和祝贺等行为。并且,这些行为的实现还可能给听话人带来一些后果。因此,奥斯汀指出,发话人在说任何一句话的同时应完成三种行为:以言指事行为、以言行事行为和以言成事行为。例如:

我保证星期六带你去博物馆。

发话人发出"我保证星期六带你去博物馆"这一语言行为本身就是以言指事行为。以言指事本身并不构成言语交际,而是在实施以言指事行为的同时,包含了以言行事行为,即许下了一个诺言"保证",甚至是以言成事行为,因为听话人相信发话人会兑现诺言,促使话语交际活动的成功。

4. 会话分析

要想了解会话含义,首先需要弄清楚什么是含义。从狭义上说,有人认为含义就是"会话含义",但是从广义角度上说,含义是各种隐含意义的总称。含义分为规约含义与会话含义。格赖斯认为,规约含义是对话语含义与某一特定结构间关系进行的强调,其往往基于话语的推导特性产生。

会话含义主要包含一般会话含义与特殊会话含义两类。前者指发话人在遵守合作原则某项准则的基础上,其话语中所隐含的某一意义。例如:

(语境:A 和 B 是同学,正商量出去购物。)

A:I am out of money.

B:There is an ATM over there.

在 A 与 B 的对话中, A 提到自己没钱,而 B 回答取款机的地址,表面上看两句话没有关系,但是从语境角度来考量,可以判定出 B 的意思是让 A 去取款机取钱。

特殊会话含义指在交际过程中,交际一方明显或者有意对合作原则中的某项原则进行违背,从而让对方自己推导出具体的含义。因此,这就要求对方有一定的语用基础。

提到会话含义,就必然提到合作原则,其是对会话含义的最好的解释。合作原则包括下面四条准则。

(1)量准则,指在交际中,发话人所提供的信息应该与交际所需相符,不多不少。

(2)质准则,指保证话语的真实性。

(3)关系准则,指发话人所提供的信息必须与交际内容相关。

(4)方式准则,指发话人所讲的话要清楚明白。

二、英汉言语交际行为的具体差异

人们的言语交际行为会因为区域、文化、性别、职业等因素的影响而产生差异。实际上,实施某种言语交际行为或者完成某种言语交际行为是交际双方互相交流协商的过程,这一过程需要根据具体的情景来决定。不同社会乃至同一社会中不同的群体在称谓、感谢、请求、拒绝、寒暄等层面都有着独特的表达方式,即便处于相同的情景下,呈现的是相同的社会功能,不同文化下的表达方式也会具有明显的差异。下面就来具体分析英汉言语交际行为的不同。

(一)称谓

英汉亲属称谓与社交称谓所体现的社会功能基本上是一致的,其可以帮助人们在交际过程中建立良好的人际关系,是社交礼仪的重要组成因素。交际双方通过称谓语的使用,可以准确判断对方的身份、年龄、地位、角色以及与自己的亲疏关系。

对于英汉语言中的称谓语而言,二者的类别、制约因素方面存在较大的相似之处。当然,二者之间的差异也是很大的,其分别形成于两种不同的文化氛围下,历史发展过程也是不同的,而且二者在认定、加强、保持人际关系的过程中所起的作用也是不同的。

第八章 文化领域下的英汉交际行为比较研究

1. 英汉亲属称谓语比较

（1）英汉亲属称谓语简述

亲属称谓语通常应用于家庭内部，是家庭成员之间对彼此的称呼。

在交际过程中，人们需要遵循交际场合、辈分、熟悉程度等原则，对不同的听话人采取不同的称呼用语。

在英语中，亲属称谓共有 13 个名词以及几个修饰词语，具体如下所示。

13 个称谓名词：father, mother, son, daughter, brother, sister, uncle, aunt, nephew, niece, cousin, husband, wife。

修饰词：great, grand, step, half, first, second, in-law。

以上 13 个称谓名词以及修饰词就可以充分反映出西方人之间所具有的亲疏、血缘、辈分、同胞等关系。

在汉语中，亲属称谓词太多了，如妈妈、爸爸、姐姐、妹妹、爷爷、奶奶、兄弟、姨、婶、叔、伯等，这些亲属称谓词之间具有严格的性别、年龄、辈分限制。另外，在一些特殊的交际场合，中国人对一些非亲属成员也会使用亲属称谓来称呼，如大妈、大婶、大爷、大叔、大哥、大姐等。中国的儿童通常称呼自己父母的朋友为"叔叔""阿姨"，在西方国家则往往会用 Mr., Mrs., Miss 来称呼。

在英汉两种语言中，亲属称谓系统可以相应地表示详细的家庭成员关系，具体而言可分为父系称谓系统、母系称谓系统、类亲属称谓系统、姻系称谓系统。

从结构上看，英语亲属称谓体现出典型的类分性，而汉语亲属称谓系统则具有强烈的叙述性。英语亲属称谓系统笼统、概括，汉语亲属称谓系统细致、清楚。中西方亲属称谓的具体差异概括为以下几方面。

其一，在汉语中，直系亲属是同宗的关系，如爷爷、奶奶、孙子、孙女，但这种直系、同宗的关系在英语中则使用旁系亲属称谓来称呼，这就是中西方亲属称谓文化的区别之一。

其二，汉语中常见的舅舅、姨夫称谓语是母系称谓语，而叔叔、姑父是父系称谓语，这种划分在英语中是不存在的，英语中的 uncle，aunt 不仅可以用于父系称谓系统，而且还可以用于母系称谓系统，这是中西方亲属称谓文化的第二个区别。

其三，汉语亲属称谓中具有长幼之分，如大哥、二哥、三弟、五妹等。但在英语中，兄弟统称为 brother，姐妹统称为 sister，虽然有时候会用 elder brother 来表示哥哥，younger brother 来表示弟弟，但这种说法相对于汉语亲属称谓而言依然是十分笼统的。也就是说，英语亲属称谓表达中不能体现出长幼之分。

其四，性别区别。在英语中，亲属称谓没有性别上的体现，如 cousin 这一称谓，可以表示堂哥、堂嫂、表妹、堂妹等，但在汉语中，亲属称谓基本都可以体现出性别，如表嫂、表哥等。

其五，面称背称的区别。所谓面称，即面对面使用的称呼语，具有直接性；所谓背称，即间接称呼、口头与书面分开的称呼语，具有间接性。在汉语中，面称与背称的区分十分明显，如爸爸、妈妈属于面称，而父亲、母亲属于背称。在英语中，亲属称谓语不能切实体现出面称与背称的具体区分，如 father，dad，mother，mom，既可以用于面称，又可以用于背称。

其六，泛化程度上的区别。在汉语中，有很多亲属称谓用语已经泛化成通俗的社会用语，如警察叔叔、护士阿姨，这些都与职业相关，大爷、大娘则与年龄有关，春哥、凤姐则与社会心理有关。泛化程度高的称谓语往往可以有效拉近与交谈者的情感距离，体现出亲切、礼貌、尊敬等情感。

与汉语相比较而言，英语中的亲属称谓语泛化程度比较低，大部分亲属称谓语往往不在相对正式的交际场合使用，即便可以用于社会交际，这种亲属称谓语也是十分稀少的，如年长者称年幼者为 son。

在英汉两种语言中，亲属称谓语除了以上区别之外，有一些汉语亲属称谓语在英语中找不到对应的表达，如亲家、妯娌等，这些都属于姻亲称谓语的范畴。在英语国家中，姻亲关系在交际过程中往往并没有特殊的称谓语,他们只需直呼其名即可。

(2)文化领域下英汉亲属称谓语的差异分析

其一,宗族观念差异。一个民族如果有比较周密详细的亲属称谓系统,那么该民族的宗法体系一定相当完备,家族在整个国家中的地位也是很重要的,对社会的发展具有很大的影响。

显而易见,汉民族的一个典型特征就是以家为社会的基本单位,具有很深的宗族观念。这种观念在古代更为明显,《尔雅·释亲》中曾记载:宗族类的亲属称谓从自身开始上推四代,下推八代,一共13辈,即高祖王父、曾祖王父、王父、父亲、自己、儿子、孙子、曾孙、玄孙、来孙、昆孙、仍孙、云孙。

不过,对于母亲的旁系,仅只有母亲以上两辈。为了对母亲这一旁系亲属加以区分,在亲属称谓中便加上"外"字,表示并不是本宗的人。也就是说,在中国的亲属称谓系统中,宗族的人称"内",姻亲的人称"外"。

西方国家的人大多崇尚个人主义,深信哲学,注重人格上的平等,所以在宗族关系上比较疏远和淡漠。在西方国家,每个人成年后就会离开家庭独立谋生,人员流动性比较大,与中国"父母在、不远游"的思想恰好相反,这些原因就导致西方亲属称谓系统中的父系、母系关系不分亲疏,一视同仁。

其二,礼貌观念差异。"夫礼者,所以定亲疏,决嫌疑,别异同,明是非也。"(《礼记》)有学者提出,汉语亲属称谓系统之所以如此系统与复杂,主要是源于汉文化的礼仪传统。中华民族在"周公制礼""封建礼教"的影响下,在礼仪上十分烦琐、严格,那么与此对应,必然会形成详细、繁杂的称谓体系。

另外,汉语亲属称谓体系还具有尊卑有别的鲜明特点。中国人较习惯于非对等式的称呼类型,称呼要讲究"长幼尊卑贵贱"之分,体现出一种权势取向,是垂直社会关系的标志。幼者称呼长者以显其尊敬,而长者称呼幼者则无须遵守礼貌原则,大可直呼其名。《礼运》中云"父慈子孝,兄良弟悌,夫义妇听,长惠幼顺,君仁臣忠,十者谓之人义"。

在西方国家,人们受到个人本位的影响,崇尚对等式人际关系,在亲属称谓中同样较多地体现出平等的倾向,因而社会关系比较疏远、平等。在个人主义下,亲属称谓几乎可以不使用,甚至连自己的父母都可以直呼其名。

2. 英汉社交称谓语比较

(1)英汉社交称谓语简述

社交称谓往往指的是非亲属成员之间所使用的称呼用语。从社会语言学的层面来分析,社交称谓文化与社会内涵是十分丰富的,象征着社会中的平等性、权势性等。人们之间所建立的交际关系不同,所使用的称谓语往往不同。

其一,职业、职务称谓。在中国差序社会格局的严重影响下,职务、职业称谓往往体现出较强的"权势性"关系。在汉语中,但凡可以表示职称、职业、职务的词语往往都可用于称谓,因为这些词语在某些程度上体现了个人的社会地位。例如:

最常见的职业称谓:老师、医生、师傅。

最常见的职务称谓:主任、书记、厂长。

最常见的职称称谓:教授、工程师。

最常见的头衔称谓:博士、硕士、上校。

上面这些称谓不仅可以单独使用,而且还可以与姓名叠加使用,从而表示对他人的认可与尊敬。在服务行业里,有很多职衔可以加上"同志"一词变成尊称,如售票员、营业员、服务员等。在社会交往过程中,绝大部分人都有特定的职称称呼,因为个体的定位是相对稳定的。

在西方国家,由于人们比较重视"平等性"关系,因此英语中的社交称谓往往带有很强的局限性。例如,在社交活动中,比较常见的职衔称谓有 Professor, Dr. 等。另外,在政治界、法律界、皇族中往往沿用以往留下的特定称谓,如 Queen Mary, President Bush, Colonel Patten, Father Brown 等,其中 Father, Sister, General, Reverend, Colonel 等可单用。

其二,姓名称谓。所谓姓名称谓,即交谈双方用姓名彼此相称。在英语中,姓名称谓是比较重要的,人们根据交际双方所具有的不同年龄、身份、地位、关系等,往往会使用姓、名、姓名、昵称等来称呼对方。一般来说,如果交际双方的关系是平等的,那么使用最多的称谓就是 first name,如果交际双方的关系比较亲密,则可以使用 nick name 或者 pet name 来称呼。

在汉语中,姓名称谓最常使用的场合是同辈、熟人、朋友、上对下、长辈对晚辈等,如小赵、王明等。如果是至亲或者恋人的关系,则往往会使用单字重复来称呼,如航航、东东、勋勋等。另外,在交际过程中,会通过将姓名与其他称谓形式一起使用来表示郑重、客气、亲切等关系,如王明叔叔、李曼阿姨等。

当前,中西方文化高度融合发展,中国人对西方人的称谓习惯也逐渐适应,不过在与西方人交际的过程中,对于一些颇有威望的人士或者社会地位很高的群体,同样不要直呼其名,如教授、律师、外交家、医生、州长等。

其三,通称、人称和不称。在英汉两种语言中,通称、人称、不称都大量存在。对于英语使用者而言,Mr., Mrs., Miss, Ms., Madam, Sir, Lady 这些在日常交际过程中使用得非常普遍。在汉语中,通称包括同志、先生、太太、师傅、夫人、女士、小姐、老师等。另外,美女、帅哥使用频率越来越高,逐渐成为一种通称。

关于人称方面,当前英语中比较常用的单词为 you,以往历史中也出现过表示敬称的人称,如 thou and you。thou 相当于汉语中的"您",这一用语在现在已经放弃不使用了,仅在祈祷以及诗歌中偶尔出现。

不称,顾名思义就是在交际过程中不使用称谓,汉语、英语中都存在,主要原因是不知道称呼什么合适或交际双方多重角色关系造成的矛盾。但不称是不礼貌的,有时以其他形式代替。

(2)文化领域下英汉社交称谓语的差异分析

纵观中国的历史可以发现,社交称谓语的使用较大地反映了社会中不同的人际关系。在官本位思想的深刻影响下,中国古代人在社会交往中往往以官职相称,这在古代人看来是对他人表达尊敬的一种方式。即便在当前社会,人们在与有官职的人交际时仍然会以职务相称。有的时候为了表示自己的尊敬,在称呼时还特意将"副"字去掉。

在西方国家,社会交往中用职务来称呼对方的情况是十分稀少的,仅有少数职务可以用于称谓,以下说法在西方基本是不存在的。

Bureau Director David 大卫局长

Manager Jack 杰克经理

Principle Aaron 艾伦校长

其一,自称与谦称。所谓自称,即自己称呼自己的用语。英汉两种语言中自称的使用频率都是最高的。

在英语中,自称的用语比较少,如 I, we, 基本不会将 one, yours truly 等用于自称。

在汉语中,从广义上而言,自称包括谦称,因为谦称也是自己称呼自己的一种方式。不过,从狭义上来看,二者的区别还是很明显的。谦称显然表示的是一种谦虚的态度,但自称并不能体现这种态度,并且有时候人们的自称还可能体现出自负的不良态度,如老子、老娘等。另外,汉语中的自称用语分类十分详细,人的年龄、身份、地位不同,所使用的自称也是不同的。

受中国传统文化的深刻影响,中国人在交谈过程中往往使用谦卑的态度,以表达对对方的尊敬,因而在社交称谓上就形成了大量的尊称。例如:

晚生——先生

犬子——令郎

贱内——夫人

下官——大人

上述社交称谓语在英语中是基本找不到对应用语的,西方人受自己国家文化的影响,在某些情况下对中国的上述称谓语并不能很好地理解,尤其是谦称词语的文化内涵。

其二，他称称谓语与尊称。所谓他称，指的是交际过程中涉及的第三方所使用的称谓用语。

在英语中，历史上常见的他称有如下几种。

his/her majesty

his/her honor

his/her lordship

上述他称往往用于王室成员、社会名流、达官贵人等之间的人际交往。此外，由于英语国家很少使用尊称，因而并没有相应的尊称称谓语。

在汉语中，如果交际过程中涉及了第三方，往往会根据其性别、身份、职业、年龄、亲疏关系等来使用相应的称谓语，即尊称。通常而言，汉语中的尊称往往会用"令"或"尊"置于官职名或者亲属称谓语前。

（二）感谢

无论是在英语中，还是在汉语中，表达感谢的言语行为是十分常见的，但是所使用的频次与场合存在明显差异。西方人不仅对同事、上司、陌生人的帮助表达深深的感谢，对那些关系亲密的朋友、亲属也会表达谢意。例如，丈夫给妻子冲一杯咖啡，妻子会表达感谢；儿子给爸爸拿一份报纸，爸爸也会表达感谢等。

与之相比，由于中国人的传统观念，下属为上司办事是应尽的义务，因此没必要说感谢，而且家庭成员之间不需要表达感谢，因为在中国人看来，亲属之间表达感谢会让人觉得很见外。

另外，对他人给予的夸奖或者关心，西方人都会表达感谢。例如，西方人觉得别人关心自己时，往往会说"Have a good flight？""Not at all bad, thank you."用这样的话语表达对对方的感谢。同时，西方人在公共场合发言之后，一定要听到听众的道谢之声，这样才能让发言者感受到听众在认真地听他说的话。因此，"Thank you！"在英语中使用频率颇高，甚至高于汉语中的"谢谢"。

中国人在表达感谢时主要是感谢人,而西方人除了要感谢人,还要感谢物品,甚至会感谢时间。因此,西方人常用"Thank you for your time."等这样的表达。

(三)请求

受传统文化的影响,请求在英汉言语交际行为中也非常常见。中国人在请求时要么过于直接,要么过于间接,经常会用暗示的方式请求他人。在中国,地位较高的人、地位年长的人向地位较低的人、地位年轻的人提出请求是非常合理的,因此往往是直接的请求。例如,总裁对秘书说"小李,把这个材料复制一下",这种就是直接式的请求,因此往往会使用祈使句。但是,这对于西方人来说,往往会觉得很突兀或者非常不礼貌。

但是,地位较低的人、年幼者向地位较高的人、年长者提出请求时,往往会比较谨慎小心,采用婉转或者间接的方式提出。发话人在提出请求时,往往也会建立一个情景框架,这样可以让对方听起来更为合理,使对方有一个思想上的准备。例如,某员工向老板请假,一般会说"主任,我今天不舒服,所以我今天请个假"。但是,这种过于间接的方式往往会让西方人感到迷茫。

西方人在请求他人做事时,往往会使用不同的间接式言语行为来表达文明或者礼貌,直接或者间接的程度往往受请求者、被请求者的熟悉程度、社会地位以及请求内容的难易程度的影响。被请求者的年龄越大、社会地位越高,间接的程度就会越大。另外,请求行为的直接还是间接,还会受到场合、环境等的影响。在西方社会,人们多会根据句法结构的变化来实现请求,或者根据语句的言外之力来实现请求的目标。例如,要从他人借笔,按直/间接程度的不同,可以有如下表达。

Give me a pen.

Lend me a pen, please.

Hi, buddy, I would appreciate it if you'd let me use your pen.

Would you please lend me a pen?

I'm sorry to bother you, but can I ask you for a pen?

在请求时,中西方可能都会采用直接的手法,但是直接的原因不同。中国人往往受传统思维的影响,会出于他人的取向和面子来考虑实施请求,他们尽量做到不损害他人的面子。西方人在请求时与个人取向有着密切的关系,人们在向他人提出请求的时候往往会比较委婉,尽量不给人强加的感觉,他们首先考虑的是不能损害彼此的消极面子。

(四)拒绝

言语交际行为中的拒绝主要是围绕请求、邀请等展开的。英汉语言中影响拒绝言语行为的因素主要是社会地位,地位较低者在拒绝地位较高者的建议或者请求时,往往会表达遗憾和道歉,但是地位较高者拒绝地位较低者时往往不需要道歉。

受平等的人际关系取向的影响,西方人对社会地位较高的人并不会向中国人那样敏感,反而他们会十分关心地位是否平等,不同社会地位的人在拒绝建议与请求时,都会表达遗憾和道歉。如果关系较为明朗,如亲朋之间,美国人倾向于使用 no 等更为直接的方式;如果关系不够明朗,即较为熟悉的同事与同学之间,人们倾向于间接的拒绝,具体如下。

表示遗憾:I am sorry…

陈述拒绝原因:I have a headache.

对请求者移情:Don't worry about it.

表示自己的态度语:"I'd like to but…"

哲理性的表态:One can't be too careful?

原则的表示:I never do business with friends.

表示未来可能接受请求的愿望或可能性:If you had asked me earlier…

（五）寒暄

在言语交际行为中,寒暄非常常见,如果一个人善于寒暄,那么他就更容易打开交际,如果一个人不善于寒暄,那么就会让对方感到冷场,交谈很难进行下去。虽然寒暄语并不会传递什么有价值的信息,但是在交际中也是非常重要的。交际双方注意的并不是寒暄语的语义,而是其所传达的情感。

中国人在寒暄时往往会说"到哪去?""你吃了吗?",这些话语仅仅是为了客套,问答的双方都不会将其视作有意义的话题。但是,西方人听到这类的话会认为你要请他吃饭或者其他什么目的。西方人见面时往往会说"Hi!""Hello!""Good morning!"等,但是不会询问与他人隐私相关的事情。此外,中国人在寒暄时往往会问一些与钱财、年龄等相关的话题,对方也不会介意,但是如果西方听到这样的问题,会认为你侵犯了他的隐私。西方人在寒暄时往往会谈及天气等与个人无关的话题。

另外,中国人在见面时往往会根据具体的情况说"买菜呀!""打球呢!"这样的话,西方人很难理解这些描述,认为这些话没有任何意义。中国人还往往以称呼来与对方进行寒暄,如"张老师""李总"等,这是对老师、上司的寒暄。

第二节　文化领域下的非言语交际行为比较

所谓非言语交际行为,是指不通过言语手段进行的交际,如身势语、手势语、沉默、眼神等。与言语交际不同,非言语交际没有固定的法则与规律,也不具备一套明确的符号。非言语交际行为会受到文化的影响和制约,同一手势、同一身势会产生完全不同的意义。非言语交际行为是非常丰富的,在大多数情况下需要与语言结合使用,起着补充、加强的作用。本节就来具体分析文化领域下英汉非言语交际行为的差异。

第八章 文化领域下的英汉交际行为比较研究

一、非言语交际分析

言语交际是通过言语行为来展开交际的,而非言语交际是通过非言语交际行为展开交际的。非言语交际是言语交际的一种辅助手法,是往往被人们忽视的手段。但是,非言语交际在英汉交际中起着十分重要的作用,甚至有助于实现言语交际无法实现的效果。非言语交际包含多个层面,如体态语、副语言、客体语等。

(一)非言语交际的含义

对于非言语交际行为,中外学者下了不少的定义,有的定义比较简单,如将非言语交际定义为不通过语言来传递信息的交际。有的定义比较具体,如非言语交际是不用言辞进行表达,被社会共知的人的行动与属性。这些行动和属性是由发出者有目的地发出或被看成有目的地发出、由接收者有意识地接收的过程,或者有可能进行反馈,或者非言语交际行为是在一定的环境下,那些位于语言因素外的对发出者与接收者有价值的其他因素。这些因素可以是人为形成的,也可以是环境形成的。

(二)非言语交际的种类

对于非言语交际的范围,分类的方式有多种,一般来说主要包含如下几类。

1. 体态语

体态语又可以称为"身体语言",其由美国著名的心理学家伯德惠斯特尔(Birdwhistell)提出。在伯德惠斯特尔看来,身体各部分的器官运动、自身的动作都可以将感情态度传达出去,这些身体机能所传达的意义往往是语言不能传达的。体态语包含身势、姿势等基本姿态,微笑、握手等基本礼节动作,眼神、面部动作等人体部分动作等。

所谓体态语,即传递交际信息的动作与表情。也可以理解为,除了正式的身体语言之外,人体任何一个部位都能传达情感的一种表现。由于人体可以做出很多复杂的动作与姿势,因此体态语的分类是非常复杂的。

体态语包括眼睛动作、面部笑容、手势、腿部姿势等。

(1)眼睛动作

眼睛是人类重要的器官,其是表情达意的重要组成部分,如愤怒时往往"横眉立目",恋爱时往往"含情脉脉"等。在不同的情况下,眼睛也反映出一个人不同的心态。当一个人眼神闪烁时,他往往是犹豫不决的;当一个人白别人一眼时,他往往是非常反感的;当一个人瞪着他人时,他往往是非常愤怒的等。

之所以眼睛会有这么多的功能,主要是因为瞳孔的存在。一些学者认为,瞳孔放大与收缩,不仅与光感有关,还与个体的心理活动有着密切的关系。当人们看到喜欢的东西或者感兴趣的事物时,他们的瞳孔一般会放大;当人们看到讨厌的东西或者不感兴趣的事物时,他们的瞳孔一般会缩小。瞳孔的改变会无意识地将人的心理变化反映出来,因此眼睛是人类思维的投影仪。

既然眼睛有这么大的功能,学会读懂眼语是非常重要的,同时注意不要读错。例如,到别人家做客,最好不要左顾右盼,这样会让人觉得心不在焉,甚至心术不正。

需要指出的是,受民族与文化的影响,人们用眼睛来表达意思的习惯并不完全一样。

(2)面部笑容

笑在人的一生中非常重要。当人不小心撞到他人时,笑一笑会表达一种歉意;当向他人表达祝贺时,笑一笑更显得真挚;当与他人第一次见面时,笑一笑会缩短彼此的距离。可见,笑是人类表情达意不可或缺的语言之一。

笑可以划分为多种,有大笑、狂笑、微笑、冷笑,也有轻蔑的笑、自嘲的笑、高兴的笑、阴险的笑等。当然,笑也分真假,真笑的表现一般有两点:一种是嘴唇迅速咧开,一种是在笑的间隔中会闭一下眼睛。当然,如果笑的时间过长,嘴巴开得缓慢,或者眼睛闭的时间较长,会让人觉得这样的笑容缺乏诚意,显得非常虚假和做作。当然,笑也有一些"信号"。

其一,突然中止的笑。如果笑容突然中止,往往有着警告和拒绝的意思。这种笑会让人觉得不安,会希望对方尽快结束话题。但是,如果一个人刚开始有笑意,之后突然板着脸,这说明他比较有心机,是那种难缠的人。

其二,爽朗的笑。这是一种真诚的笑,给人一种好心情的笑,一般会露出牙齿、发出声音,这种笑会让对方觉得你是一个很好相处的人,很容易信任与亲近你。

其三,见面开口笑。这种笑是人们常见的,指脸上挂着微笑,具有微笑的色彩,这种微笑具有礼节性,可以使人感到和蔼可亲。无论是见到长辈、小辈,还是上级、下属,这种笑都是最为恰当的笑。但需要指出的一点是,在笑的过程中要更为谨慎,其不是一见面就哈哈大笑,这会让人感觉莫名其妙,它是一种谨慎的、收敛的笑。

其四,掩嘴而笑。这种笑是指用手帕、手等遮住嘴的笑。这种笑常见于女性,显得较为优雅,能够将女性的魅力彰显出来。

另外,由于文化背景的差异,不同国家的人对笑的礼仪也存在差异。在大多数国家,笑代表一种友好,但是在沙特阿拉伯的某一少数民族,笑是一种不友好的表现,甚至是侮辱的表现,往往会受到惩罚。

(3) 手势

手是人体重要的一部分,在表达情意层面作用非凡。大约在人类创造了有声语言,手势也就诞生了。手是人们传递情感的行之有效的工具之一。一般情况下,手势可以传达的意思有很多,高兴的时候可能手舞足蹈,紧张的时候可能手忙脚乱等。当一个人挥动手臂时,往往是表达告别之意,当一个人挥动拳头时,往往是表达威胁之意。握手这样一个日常生活中普遍的动作,也能够将一个人的个性表达出来。第一种类型是大力士型,其在与他人握手时是非常用力的,这类人往往愿意用体力来标榜自己,性格比较鲁莽。第二种类型是保守型,这类人在与他人握手时往往手臂伸得不长,这类人性格较为保守,遇到事情时往往容易犹豫。第三种类型是懒散型,这类人与他人握手时,一般指头软弱无力,这类人的性格比较悲观懒散。第四种类型是敷衍型,这类人与他人握手是为了例行公事,仅仅将手指头伸给对方,给人一种不可信赖的感觉,这类人做事往往比较草率。还有一种是标准的握手方式,即与他人握手时应该把握好力度,自然坦诚,不流露出任何矫揉造作之嫌。

（4）腿部姿势

在舞会、晚会、客厅等场合,人们往往会有抖腿、别腿等腿部动作,这些动作虽然没有意义,但是它们在传达某种信息。因此,腿在人们表情达意过程中有着非常重要的作用。对腿的动作的了解是人们了解内心的一种有效途径。当你坐着等待他人到来时,往往腿部会不自觉地抖动,以表达紧张和焦虑之情。当心中想拒绝别人或者心中存在不安情绪时,往往会交叉双腿。

2. 副语言

一般来说,副语言又可以称为"伴随语言""类语言",其最初是由语言学家特拉格(Trager)提出的。他在对文化与交际的过程进行研究时,搜集整理了一大批心理学与语言学的素材,并进行了归纳与综合,提出了一些适用于不同情境的语音修饰成分。在特拉格看来,这些修饰成分可以自成系统,是伴随着正常交际的语言,因此被称为"副语言"。具体来说,其包含如下几点要素。

（1）音型(voice set),指的是发话人的语音物理特征与生理特征,这些特征使人们可以识别发话人的年龄、语气等。

（2）音质(voice quality),指的是发话人声音的背景特点,包含音域、音速、节奏等。例如,如果一个人说话吞吞吐吐,没有任何的音调改变,他说他喜欢某件东西其实意味着他并不喜欢。

（3）发声(vocalization),其包含哭声、笑声、伴随音、叹息声等。上述三类是副语言的最初内涵,之后又产生了停顿、沉默与话轮转换等内容。

3. 客体语

所谓客体语,是指与人体相关的相貌、气味等,这些东西在人际交往中也有着非常重要的作用。从交际角度而言,这些层面都可以传达非言语信息,都可以将一个人的特征或者文化特征彰显出来,因此非言语交际是一种非常重要的媒介手段。

(1)相貌

无论是西方文化还是中国文化,人们对于自己的相貌都非常看重。但是在各国文化中,相貌评判的标准也存在差异,有共性,也有个性。例如,汤加人认为肥胖的人更美,缅甸人认为妇女脖子长更美,美国人认为苗条的女子更美,日本人认为娇小的人更美等。

(2)饰品

人们身上佩戴的饰品本身并没有什么意义,但是出现在不同的场合,就是一种媒介和象征。例如,戒指戴在食指上代表求婚,戴在中指上代表恋爱中,戴在无名指上代表已婚。这些作为一种约定俗成的代码,不可以弄错。

一般来说,佩戴耳环是妇女在交际场合的一种习惯。当然,少数男性年轻人也会佩戴耳环,以彰显时尚。

二、英汉非言语交际行为的具体差异

在中西方文化中,英汉非言语交际行为是非常丰富的,但是由于受历史环境、风俗习惯等的影响,英汉非言语交际行为也存在着明显的差异,下面就从多个层面进行对比和研究。

(一)身势语

在与他人展开交际时,交际手段并不仅限于词语上。实际上,人的手势、表情、身体动作等都可以用于传递消息。例如,皱眉表达不满意,微笑表达欢迎,挥手表达再见等。这些人们公认的动作就属于非言语交际行为,并成为文化的一部分。

在中西方文化中,身势语有着不同的意义。也就是说,不同的民族有着不同的话语交际形式,甚至点头这一动作在不同的民族可以传达出不同的意义。一般人认为点头代表着赞同,但是在尼泊尔人、斯里兰卡人等人的眼中,点头代表着不同意、不赞同。因此,在跨文化交际中,要想准确地进行交谈,除了寻找恰当的语言外,还需要明确交谈双方的动作与手势所传达的意义。

中西方身势语存在着某些相似之处,如男子之间见面不需要拥抱,一般握手就可以;噘嘴表达不高兴;拍拍男生的背表达一种夸赞和鼓励。

下面通过表8-1、表8-2来了解一下中西方身势语的差异。

表8-1 动作一样,意义不同的身势语

身势语	英语意义	汉语意义
跺脚	不耐烦	气愤、恼怒、灰心、悔恨
目不转睛地看	不礼貌,使人发窘,不自在	好奇,有时表达一种惊讶
发"嘘"声	要求保持安静	反对,责骂,轰走他人
拍拍别人的头	表达一种安慰与鼓励,钟爱	对成人拍拍头会让人反感,是一种侮辱人的动作

(资料来源:黄勇,2007)

表8-2 意义不同,动作不同的身势语

意义	中国的身势语	美国的身势语
喊他人过来	将手伸向被叫的对象,手心向下,手指同时弯曲	将手伸向被叫的对象,手心向上,握拳,然后食指前后摆动
半开玩笑式地说对方"丢人"	伸出食指,手指是直的,用指尖在自己的脸上上下划几下	伸出两只手的食指,手心朝下,用一个食指摩擦另一个食指的背面
吃饱饭	用一只手或者两只手在自己的肚子上拍打或者揉搓	将一只手手心朝下,放在自己的猴头处,并说"已经到这儿了"

(资料来源:黄勇,2007)

当然,上述例子并未将中西方身势语的全部差异列举出来,只是选取了一些常用的、有代表性的例子进行说明。但是也不难看出,中西方身势语有着明显的差异,并且在交际中起着十分重要的作用。

非言语交际一般与言语交际结合开展,在不同的情况下所起的作用也是不同的,可能起到否定、补充或者替代等作用。我们在机场迎接客人时,往往会说Welcome to Beijing,并与对方握手,握手的动作就是对言语的一种补充。

当言语交际与非言语交际出现冲突的时候,人们更愿意相信非言语交际。也就是说,有时候我们一边说话一边用手势表达相同的意义。例如,我们跟服务员要两杯饮料的同时会用手指比画出"2"的动作,是对自己所说的话的重复;两个人谈话时常常用语调和眼神表达下面该讲一些恭维的话,用手势对语气进行加强或者对某一个论点进行强调。

(二)面部表情

在面部表情上,中西方的表达程度与表达方式也存在明显的差异。曾经有一位学者这样说道:美国人的面部表情要多于亚洲人,但是要比南欧人与拉丁美洲人少。实际上,在亚洲人中,面部表情也存在着明显的差异。从日本人来看,中国人的情感要更丰富与外露一些。

受文化差异的影响,中国、日本等国家的传统家庭妇女在待人接物时往往低头。地位低下的仆人往往也是如此,他们不能正视地位高的人。现在,很多国家仍旧存在这种情况。但是,这种情况在中国就较为罕见了。在西方国家,眨眼表明对他人或者某些事物感兴趣,但是在中国,眨眼是一种挑衅的行为。

在人际交往的过程中,人们所处的语言环境会对表情的变化产生影响。当秘密交往,一般说话声音偏低,那么所需要的表情动作就会较大;但当在公共场合传达秘密或者难看的信息时,表情动作就会相对小一些。当人们谈论令人兴奋或者人们感兴趣的话题时,目光的接触会比较频繁;而当人们谈论悲伤或者羞愧的话题时,一般目光的接触会比较少。

无论是英语还是汉语,都有其独特的语法规范与组织形式,当然表情也是如此。说到规范,就离不开使用情况与使用者的差异,因为正是差异的存在才有规范的产生。但是,与有声语言不同的是,表情的规范是因地制宜的。例如,表情有年龄、地域、性别等多种差异。日常生活中的表情是没有规范的,但是对于一些服务行业,表情的规范是必要的,如得体原则、优雅原则等。

(三)触摸

触摸一般包含五种:功能、社交、情爱、友爱以及情欲。一般来说,大夫检查身体、理发师理发等都不包含个人情感成分,属于职业性触摸。社交性触摸包含礼仪性触碰与握手。亲友见面也会拥抱和握手,这属于友爱型的。男女恋人之间的触摸属于情爱类。最后一类属于两性之间。触摸是一个十分微妙的领域,如果处理得不恰当,往往会让人不愉快。

相比较来说,有些民族的人身体接触是比较多的,有些民族则较少,因此接触文化既有高接触文化,又有低接触文化。一般来说,欧洲、中东的犹太民族、地中海地区、阿拉伯国家等都属于高接触性文化,而北欧大部分、英国、德国等国家属于低接触文化。其中澳大利亚人居于高接触文化与低接触文化之间。

在中国,受文化传统的影响,人们在公共场合一般身体接触是比较少的,尤其是男女之间的接触。一般情况下,人们不会在公共场合接吻或者拥抱,谈恋爱的男女青年一般用牵手来表达亲昵。同性之间手拉手或者勾肩搭背是被允许的,虽然这些多见于青年人之间。但是,在西方国家,男子之间手拉手走路,会被认为是同性恋。

在中国,对小孩的触摸是非常亲昵的举动,可以摸摸小孩的头、小手等,甚至可以抱过来亲吻,这是表达友好的表现。但是,在西方,除非是家庭成员之间或者关系极为密切的朋友之间,一般不会随意碰触孩子或者亲吻孩子。在泰国是绝对不能摸孩子头的,在泰国人看来,头是非常神圣的部分,随意触摸是对他人的不恭敬,小孩的头只能由国王、父母、僧侣来触摸。

在西方国家,家庭成员或者关系亲密的朋友分别一段时间后再见面,往往会亲吻或者拥抱。这通常发生在女人与女人或者男女之间,如果是男人与男人,一般会用握手来表达。在西方国家,公众场合的拥抱是一种礼仪,一般不会拥抱得太紧,接吻也仅仅是面颊触碰,当然这种拥抱的时间与面颊的触碰受彼此之间的关系的影响。

在我国,人们在公共场合一般是不接吻或者拥抱的,对于西方文化中的接吻和拥抱这一部分是较难适应的。正是这一原因,有的学者认为用这一方面的适应程度来测量华人接受当地文化的程度。一般情况下,能够在公共场合习惯于接吻或者拥抱的华人也会适应西方文化的其他方面。在西方国家中,熟人或者朋友之间进行交谈时,一般会避免任何部位与对方进行碰触。

对于当众拥抱这种现象而言,在很多国家,两个妇女见面拥抱是非常常见的。在多数工业发达的国家中,夫妻和亲戚之间久别重逢常常会拥抱。两个男人是否拥抱,各国的习惯是不同的。在俄国与阿拉伯国家,两个男人拥抱、亲吻是欢迎的表现。但是,在英语国家和东亚国家,两个男人是很少拥抱的,一般握手就可以表达欢迎之情。

英美国家的人们对于身体接触是非常敏感的,通常都会极力避免出现身体触碰,他们忌讳在拥挤的公交车或者地铁上与陌生人产生身体上的碰触,从一群人中挤过去更是大忌,而且被他人认为这种行为是极其不礼貌的。在电梯上,英美人也认为不能与他人有身体层面的接触,他们通常将肩膀、两臂等收紧,显得情绪比较紧张,也更为小心翼翼,这充分反映出英美国家的人们对于身体接触的态度。一般来说,如果一个人不小心碰触到他人的身体时,需要及时说抱歉。这显然与拥挤的亚洲国家的人们的情况不同。

在握手上,我国的习惯与英美国家的习惯是存在差异的。在英美国家,两名男子相遇时往往会伸出手掌,与对方握手,稍微用力地垂直摇动一到两次,然后立即松开手,在握手的同时也需要看着对方,保持视线上的接触,这样的握手方式被认为是恰当的握手。男子与女子握手时,如果女子是坐着的,可以不用站起来。同英美国家的男子握手,我们可能会感到对方用力,有点像骨折的握手,但是我们国家的人们往往手劲比较轻,这会让英美人感到这样的握手是不够真切的。有时候,中国主人握住外国客人的手,并不会立即松开,这会让对方感到不自在。中国人的礼节动作往往是先握一下手,然后彼此靠近,手不会松开,或者干脆拉住不放,这在中国人看来属于一种中性的礼节动作,而英语国家的人却感到窘迫不堪,因为在他们看来,抓住别人的手不放与握手毫不相干,一般视为禁忌。

由于西方推崇"人性""个体价值",追求个人主义价值观,因此西方节日文化越来越注重单一的娱乐精神。虽然也有一些综合性质的节日,如圣诞节,但是相对来说,单一性质的节日更多。

(二)中国节日属于一种综合文化现象

中国传统节日是一种综合文化现象,往往集热闹、怀念、娱乐、祭祀等于一体。以清明节为例,其最初为农事节日,逐渐发展为与祭祀、禁忌以及郊游、踏青等活动相汇合的综合性节日。春节则是中国影响最大的综合性节日,人们在节日期间会有祭神、祭祖、游览庙会、拜年、走亲访友等各种活动。

中西方节日性质对比具体如表9-1所示。

表9-1 中西方节日性质对比

	中国		西方
年节	综合	圣诞节	综合
元宵节	单项	狂欢节	单项
人日节	单项	复活节	综合
春龙节	综合	母亲节	单项
清明节	综合	愚人节	单项
端午节	综合	划船节	单项
七夕节	综合	情人节	单项
鬼节	单项	鬼节	单项
中秋节	综合	父亲节	单项
冬至节	单项	仲夏节	单项
腊八节	综合	啤酒节	单项
小年节	综合	婴儿节	单项
除夕节	综合	葱头节	单项

(资料来源:刘立吾、黄姝,2014)

韵味。

二、英汉节日的呈现方式比较

（一）西方节日推崇精神文化

西方节日追求精神上的愉悦。具体来说，西方节日追求在交往中营造欢乐的氛围，注重将彼此的情感加以释放。虽然很多节日中也不乏食物，如复活节的彩蛋、圣诞节的烤鹅、感恩节的火鸡等，但是更多的是追求精神上的愉悦和快乐。

以狂欢节为例来说，其不仅仅是一个节日，也是人们打破正常生活秩序的一个时节，人们会举行盛大的化装舞会、喧闹的彩车游行等，其充分体现了西方人追求欢乐的宗旨。此外，愚人节也是能够充分反映西方节日文化特色的一个节日。在愚人节这一天，人人都可以取笑别人和被别人取笑。节日期间的相互愚弄和搞笑可以充分缓解人们的紧张情绪，给生活增添一定的乐趣。

（二）中国节日推崇饮食文化

相比之下，中国节日注重饮食。在我国的传统节日中，饮食一直都扮演着重要的角色，如春节、端午节、中秋节等都有与之相对应的特色食物。

在春节这一中国最隆重的节日中，人们除了贴对联、拜年，还会做各种食物。虽然各地饮食习俗各异，但在春节期间人们都会吃团圆饭，在除夕之夜齐聚一堂，享受美味佳肴。在端午节，人们吃粽子、鸡蛋，还会喝雄黄酒。中秋节人们回家团聚，一起赏月、吃月饼。

三、英汉节日的文化性质比较

（一）西方节日属于一种单一文化现象

西方节日的起源虽然与宗教密不可分，深受宗教影响，但是

一、英汉节日的价值取向比较

(一)西方节日注重个性

西方文化认为人是一切活动的中心所在,每个人都是独立的个体,理应被放在第一位。西方人对于个性和自由也非常推崇,非常强调个人的意志,追求个人的解放和自由。同样,西方节日也注重个性张扬,在西方国家也有注重全家团圆的节日,如感恩节,但大部分节日更强调个人享乐,注重个性的张扬,如圣诞节、万圣节等。西方节日大都以欢快和娱乐为主基调,人们通常以过节之名,尽情享受个人欢乐。可以说,"狂欢""新奇""神圣""浪漫"等是西方节日精神的主要内核。[①]

(二)中国节日注重集体

传统节日是一个民族价值观念和思维方式等的重要反映。中国节日注重集体活动。中国传统文化强调宗法集体,讲究以大局为重。中华民族几千年来以血缘、地缘为纽带的社会关系决定了儒家传统文化的集体主义价值取向。体现在节日方面,中国传统节日大都具有较强的家庭宗族观念和群体观念,多是以家族或家庭为核心的集体活动,注重家族全员共享天伦之乐、团圆之情,强调全家团圆、阖家欢乐。可以说,"亲情""团圆""全家平安"是中国传统节日的主题。

例如,在中国,每逢春节、元宵节、中秋节等,在外工作的人都尽量赶回家与家人团圆,围坐聚餐,共吃团圆饭、元宵、月饼。聚餐期间,晚辈会向长辈敬酒祝寿,长辈会为晚辈祈福祝吉,洋溢着团团圆圆、和和美美的节日氛围。再如,人们会在端午节举行集体赛龙舟活动,在清明节举行祭祀祖先的集体活动等。这些都体现出中国传统节日追求团圆、尊长、和谐,体现出浓厚的中国文化

---

① 李欣.比较视野中的中西传统节日文化[J].中州学刊,2008,(4):245.

第九章 文化领域下的英汉民俗比较研究

当前,国与国交往日益紧密,中国的国门也进一步打开,在今天,作为世界文化两大支柱的中西方文化面临着不同的考验。中西方文化虽然在功能上有一定的相同之处,但是二者也有着明显的差异。中西方所处的文化背景不同,他们对现实生活中的事物所赋予的文化内涵也存在明显的差异性。因此,人们在交际过程中就必须对这些差异有所了解和把握。在英汉文化中,民俗文化是其重要的内容,是社会前进的前提与基础,这些民俗文化包含节日文化、饮食文化、服饰文化、建筑文化,这些文化是不同文化景观与文化要素的呈现。本章就来对比研究文化领域下的英汉民俗差异。

第一节 文化领域下的英汉节日比较

节日的形成是历史积淀的过程,其起源、发展与演变都是一个潜移默化的过程,它渗入人们生活中的各个方面,将特定时期人们的审美情趣、心理特征、价值观念等反映出来。世界上各个国家、各个民族都有自己的节日,有的节日与古老故事、民间传说有关,有的节日与国家的历史事件相关。但是,各个国家、民族的生活习俗、历史文化、价值观念不同,导致节日文化也存在差异。

四、英汉重要节日比较

（一）圣诞节与春节

圣诞节和春节分别是中西方非常重要的节日。

圣诞节作为西方传统文化中最重要的节日，其重要程度与中国的春节不相上下。圣诞节的时间是每年的 12 月 25 日，是西方人纪念耶稣诞生的日子。这一天，人们会举行非常盛大的圣诞晚会，围着圣诞树进行祈祷、唱颂歌等。人们还会互相交换礼物，父母和孩子会分享彼此的生活乐趣，向家人表达爱和祝福。

春节可以说是中国最隆重、最热闹的节日了。在外工作的人，无论路途多遥远，都希望在春节赶回家中与家人团聚，与家人共同开启新的一年。春节期间，人们会举行各种各样的庆祝活动。最常见的庆祝方式有舞龙舞狮、贴春联、挂红灯笼、贴年画、燃鞭炮、拜年等。一家人聚在一起，庆贺过去的一年，祈祷新的一年，祈福在新的一年人畜兴旺、家和万事兴。

可见，圣诞节和春节的相同之处就是都和家人共同庆祝与团聚，其不同之处则有很多。例如，在中国，每个家庭大年三十晚上都会准备一顿丰盛的晚餐，以此庆祝一年的丰收；西方则更追求健康与快乐，除必需的饮食营养外，主要是通过进行娱乐活动来实现。再如，中国春节里最受欢迎的颜色当属红色，人们贴红对联、挂红灯笼，如果是本命年则会穿红色，总之红色是春节的主色调，红红火火才显得喜庆；而西方的圣诞色则有红、绿、白等，如红色的圣诞服饰和蜡烛，绿色杉、柏圣诞树以及五颜六色的彩灯和纸花等。

（二）感恩节与中秋节

在西方，感恩节是仅次于圣诞节的节日，时间是每年的 11 月的第四个星期日。在这一天，人们通常会到教堂做感恩祈祷，一些地方还会举行各种化装游行、戏剧表演甚至体育比赛等活动。此外,火鸡是感恩节的必备食物之一,在异乡的人们通常会在感恩节与家人团聚,分享以火鸡为主食的盛餐。

中秋节是中国另一个极其重要的节日,在中国人心中占有非常重要的地位。每年农历的八月十五为中秋节,因为该节日多是在秋天的中期,因此叫中秋节。中秋月圆,人之团圆,人们在中秋节寄托思念故乡、思念亲人之情,并企盼丰收、幸福。月饼是中秋节的必备食物,因为月饼象征着团团圆圆。此外,在中秋节的晚上,人们还会与家人一起赏月。我国关于中秋的诗歌有很多,其中宋代词人苏轼曾写下著名的《水调歌头》,其中"但愿人长久,千里共婵娟"更是千古名句,诗人借诗词表达了对远方亲朋的思念之情与美好祝愿,也体现了豁达、乐观的人生态度。

感恩节与中秋节的相同之处也是与家人的团聚。其不同之处在于,中秋节表达更多的是对逝者或远方亲人的思念,感恩节则更多的是感谢家人与朋友对自己的帮助。此外,随着中西方文化的交流与融合,越来越多的中国人加入感恩节的行列,表达对父母、亲人或教师的感恩。

(三)情人节与七夕节

在西方,每年的2月14日是情人节。在情人节这一天,鲜花和巧克力是不可或缺的。我们知道,玫瑰代表爱情,但是不同的颜色、朵数有着不同的意思。在古希腊的神话传说中,玫瑰是美神的化身,是用于表达爱情的通用语言。情人节这天,西方国家到处都弥漫着巧克力的香甜味道,很多男士也会选择在这一天向女友表白。

七夕其实也是中国的"情人节"。七夕这一天是年轻女孩畅想爱情的节日,在古代,姑娘们会一块坐着看牵牛星和织女星,想象着牛郎和织女在鹊桥相会的场景,祈求智慧和巧艺,并且期盼得到美好的姻缘。唐代诗人白居易在《长恨歌》中写道:"七月七日长生殿,夜半无人私语时;在天愿作比翼鸟,在地愿为连理枝。"以牛郎和织女的爱情故事为例,讲述了唐玄宗与杨玉环共誓白头的约定。但是,随着时代的变迁,当今社会生活节奏不断加快,人们的生活理念也发生了巨大改变,所以每逢七夕节,多数情侣会选择一起吃饭、逛街、看电影,送巧克力和玫瑰给对方。

如今,中国人庆祝七夕节的方式也越来越接近于西方的情人节。

第二节　文化领域下的英汉饮食比较

在人们的日常生活中,食物是不可缺少的一部分。对于饮食,中西方国家都各自有着悠久的文化,并且随着国与国交往的日益紧密,人们会接触到不同的饮食文化。本节就对文化领域下的英汉饮食进行比较与研究。

一、英汉饮食的价值取向比较

（一）西方饮食追求营养

西方人的饮食更注重营养与科学,将保证食物充足的营养作为最高的饮食标准。也就是说,在西方人眼中,食物的营养居于主要地位,味觉享受居于次要地位。西方人饮食非常注重理性,对于口味并不过分推崇,饮食结构也非常简单,强调食物中的营养价值,追求各种食物搭配是否合理。

同时,西方饮食体现了一种实用主义功能,人们讲究食物是否营养全面,而很少将饮食与精神关联起来。在西方人眼中,饮食主要是为了填饱肚子、维持自我生存。

（二）中国饮食追求美味

中国人的饮食观念是追求美味,即讲究食物的味道要好,因此中国的厨师们往往费尽心思在食物的味道上改良。在中国人眼中,一道菜品的形色仅是外表,味道是其内在品质,因此必须要注重内在,不用对外表进行刻意修饰。简单来说,中国饮食观念最重要的一点就是:重视菜肴的味道,不过分展露菜肴的形色。

同时,饮食在中国具有巨大的社会功能。中国人喜欢请客吃饭,并且请客吃饭的理由有很多,如婚丧嫁娶、送别亲友、生日祝福、同学聚会等。中国人往往从饮食中去解读一些与饮食无关的问题,这一文化现象就是"泛食主义"。例如,将职业称为"饭碗",将轻而易举称为"小菜一碟",将学习知识称为"汲取营养"等。

二、英汉饮食的烹饪方式比较

(一)西方饮食的烹饪方式简单

西方的饮食强调营养,保持事物的原汁原味,在饮食对象上较为单一,他们吃的目的在于生存与交往,因此他们的烹调程序往往按照一套标准来完成。

相比较而言,西方的菜谱整体上更为精确、科学,调料的添加、烹饪的时间都是有规定的,甚至他们厨房中都配有量杯、天平等,这样才能保证食物与配料添加的比例。正如肯德基、麦当劳,无论你在世界上任何一个地方吃,都会吃出一个味道,这是因为他们是严格按照世界通用的标准来烹饪的,这套方法做出的食物几乎保持了食物本身的味道。

(二)中国饮食的烹饪方式繁多

中国的饮食对象非常广泛,烹饪方式繁多,因此烹饪的程序也并不是唯一的,富有较大的变化。就比如说,"宫保鸡丁"这道菜,你在中国不同的地方吃会吃出不同的味道,甚至味道的差别很大。在辅料上,中国的食物往往以"一汤匙""适量"等来描述,这样就导致没有一个统一的标准,不同的师傅做出来的也必然有

第九章 文化领域下的英汉民俗比较研究

所差异。

在烹饪程序上,师傅往往会添加自己的聪明才智,也不会严格按照标准来烹饪,因此导致中国的这片土地上产生了很多的菜系。为了追求味道的鲜美与独特,师傅们往往会根据季节、客人等将同一道菜做出不同的味道。

三、英汉饮食的搭配方式比较

(一)西方饮食主要是以面包为主

西方的一日三餐几乎都有面包,即面包是主食,并且多为咸面包,同时辅以冷饮。西方人的早餐往往是涂有奶油或果酱的烤面包,配有牛奶或燕麦粥;午餐往往非常简单,一般是一份加鸡蛋、蔬菜、奶酪、火腿等的三明治面包。另外,甜点也是西方人饮食的一部分,备受西方人喜爱。

如果是正餐,一般在主菜或者汤过后,会配有甜点,也就是说甜点是最后一道菜。面包一般随汤一起吃,甜点之后会是茶或咖啡。西式的主菜一般以蛋奶或肉类为主,有各种各样的熏鱼、牛排等,肉类一般为三五成熟,蔬菜多为生食,甜点多为冰激凌等生冷食物。

(二)中国饮食讲究主副搭配

中国人饮食包含主食和副食,主食以粮食为主,如米、面等;副食以肉类、蔬菜制成的菜肴为主,并且喜欢吃熟食、热食,不喜欢生吃蔬菜、肉类。每餐必须主副搭配,实现淀粉、肉类、蔬菜的融合,这在中国人眼中才能称得上一顿饭。主食是为了饱腹,副食是为了调剂和补充。在中医看来,生冷食物容易对体内脏器造成影响,因此中国人喜欢吃加热之后的食物。即便是冬日里饮酒,也喜欢温了之后再喝。

传统的中式早餐是包子、粥配小菜或豆浆配油条。南方普通家庭的午餐、晚餐主要是大米饭,配有荤素的两菜一汤。

四、英汉饮食的布局习惯比较

(一)西方饮食多布局优雅、随意索取

西方人用餐的目的在于生存,即主要是为了冲击,因此一般用餐都是分食制,即大家用餐是不干涉的。在西方的宴会上,人们的目的也是交流情谊,因此这种宴会的布置会非常优雅、温馨。西方人对于自助餐非常钟爱,食物一次排开,大家根据自己的需要索取,选择自己喜欢的食物,这种方式方便大家随时走动,也是促进交往的表现。

可见,西方的这种饮食习惯讲究实体与虚空的分离,他们尊重个体,注重形式结构,是个性突出的呈现。这也是自助餐在西方流行的根源。

(二)中国饮食多围桌而坐、共同亨用

不管是什么样的宴席、什么样的目的,中国人大部分都圆桌而坐,所有的事物无论是凉菜、热菜、甜点等,都放在桌子中间。同时,中国人会根据用餐人身份、年龄、地位等分配座位,在宴席上人们也会互相敬酒、互相让菜,给人以安静、祥和之感。

可见,这一理念符合中国人的"民族大团圆",也体现了用餐人"团结、礼让"的美德。中国人重视集体观念,强调全局,因此导致了这样的饮食习惯。

五、英汉饮食的餐具使用比较

(一)西方饮食中多使用刀叉

如前所述,西方人主要食物为肉类,又实行分食制,因此刀叉是最好的选择。当西方人普遍使用刀叉之后,餐具以及餐具的布置更为考究。在正餐的进餐过程中,一般是吃一道菜更换一副刀叉,如吃主菜用主餐刀、主餐叉,吃鱼用鱼刀、鱼叉,吃沙拉、甜点等也有相对应的刀叉,这样一顿正餐过程中要更换四副刀叉,甚至更多。

在西餐中,刀叉还有很多品种,如面包刀、黄油刀等,他们各自有各自的职能,不能混合使用。其他的进餐工具也是如此,如饮酒时酒杯也有很多种类,饮用葡萄酒的酒杯就分为白葡萄酒酒杯、红葡萄酒酒杯等,并且酒杯的形状也是不同。

另外,除了刀叉的使用非常考究,刀叉等进餐工具的摆放也是非常考究的。西餐的桌面要求简单、整齐,要按照标准模式依次摆放刀叉、汤匙、杯子、面包盘、大盘、餐巾,还有副餐用的小型茶匙、叉子、咖啡杯等。用餐的时候需要按照顺序来取用,但是有时会出现左右摆着的餐具的件数不同,那就表明多出来的那一件餐具是单独使用的。刀叉的用法是从外侧向里侧按照顺序使用的。进餐时,一般左右手配合,即一刀一叉成对使用,每一道饭菜都会用到盘子、刀叉与餐勺。对于酒杯,如果是横放在一排,需要遵循从左到右的顺序。

当然,在长期的实践过程中,西方人也形成了独具一格的餐桌礼仪,即在使用刀叉时需要注意如下几点:一是切割食物时,尽量不要发出声音;二是切割食物时,要保证双肘下沉,而且手臂不能压到桌子上;三是切割食物的大小应该保证一下子能入口;四是刀叉的朝向一定要保证正确;五是放下餐刀时,不要将刀刃朝外,并且刀叉不能交叉摆放。当用餐者用餐完毕之后,可以按照左叉右刀的顺序摆放餐盘中。

(二)中国饮食中多使用筷子

中国的饮食对象多样,用餐也是围成一桌共食,因此筷子是中国人饮食的最好选择。筷子虽然简单,却可以应对一切食物。

随着人类社会与生活的发展,筷子的使用越来越普及,并且出现了一些与之相关的礼仪:一是避免敲筷,即不能一手拿一根筷子来敲打盘碗;二是避免掷筷,即在用餐前发放筷子时,应该将筷子按双捋顺,然后轻轻放在用餐者面前,如果位置较远,可以请人递过去;三是避免叉筷,即不能一横一竖交叉摆放,也不能一根大头一根小头摆放;四是避免插筷,即如果用餐途中需要离开座位,要将筷子轻轻放在碗碟旁边,而不是直接插在饭碗里;五是避免挥筷,即在夹菜的时候,不能将筷子在菜盘里面上下乱翻,遇到别人夹菜时要有意避让;六是避免舞筷,在说话时,不要将筷子作为刀具,在桌子上乱舞。

另外,筷子在中国的使用还推动一些菜肴或食俗的形成,如现代中国人比较喜欢吃的火锅,如果没有筷子是很难实现的。

六、英汉饮食中菜式命名比较

(一)西方饮食中的菜式命名往往直截了当

西方菜名直截了当,往往一目了然,并且很少采用修辞手段。很多西式菜名直接采用原料+烹饪方法的命名方式,如水果沙拉、意大利比萨、炸薯条等。可见,西方菜名突出原料,取名方式虽然缺乏艺术性,但实用性较强。与中式菜名相比,西方菜名的典型特点就是"简"。

下面再列举一些西方菜名,其中都体现了其"简"的特征。

shark fin 鱼翅
breast of deer 鹿脯
ham and sausage 火腿香肠
black pepper pork steak 黑椒猪排
French goose liver 法式鹅肝
Scotland mutton chop 苏格兰羊排
Australian fresh shellfish 澳洲鲜贝

(二)中国饮食中的菜式命名往往讲究颇多

中国人给菜肴命名时的讲究很多,如名字要含蓄、温雅又吉利,还要注重联想功能,使用各种修辞手法寓情、寓意。总之,中国菜名中包含了很多历史文化信息。除少量的大众化菜肴以原料直接命名,相当一部分菜是以典故、景色、传闻甚至传承人命名的。归纳起来,中国菜名有三个典型的特点,即"实""虚""喻"。

体现中国菜名"实"特点的菜名如下所示。

成都火锅

广东龙虾

青椒肉丝

东坡肘子

北京烤鸭

湖南米粉

体现中国菜名"虚"特点的菜名如下所示。

全家福

龙凤呈祥

年年有鱼

百年好合

独占鳌头

鸿运团圆

满掌黄金

鸳鸯戏水

体现中国菜名"喻"特点的菜名如下所示。

蚂蚁上树

珍珠豆腐

水晶肴蹄

芙蓉鸡片

八仙过海

黑熊耍棍(木耳炒豆芽)

黄山一绝(一盘蕨菜)

桃园三结义(由白莲、红枣、青豆三种食物制作而成)

第三节 文化领域下的英汉服饰比较

服饰是人们生活中不可或缺的一部分。最开始，服饰用于蔽体，随着社会的不断发展，服饰成为不同个体内在精神的呈现，还反映出一个国家、一个民族的人民生活水平。当今社会，服饰除了用于遮体、御寒等功能外，已成为社会身份与审美意象的象征，而中西方服饰也体现出各自的特点。本节就具体比较和研究文化领域下的英汉服饰。

一、英汉服饰的着装取向比较

（一）西方服饰的开放取向

西方人强调个性，对个性的推崇体现在服饰上就是夸大自然，强调人的第二特征。男士的服装将胸、肩部的宽阔凸显出来，也要凸显腿部的挺拔，这是男性风范的体现。女士的服装要注重隆胸与臀部的扩张，同时收紧腰身，这是女性人体魅力的体现。

也就是说，西方人将自己看成世界的主宰，因此强调以自我为中心，在服饰上必然会彰显自我、凸显个性。

（二）中国服饰的保守取向

随着中国几千年的发展，在自我保守、稳定的情况下，儒家、道家理念相融合，成为中国古代哲学思想的主流。儒家以礼、德对服饰加以规范。道家认为，自然是人类最理想的状态，因此服饰也应该与自然相适应，展现出人与自然的和谐相融。在服饰设计上，人们主张对人体加以遮盖，不能炫耀自我，过度地表现个体。另外，服装设计也非常宽松，这样给人以无拘无束之感。

在中国传统家庭教育中，服装行为规范被认为是修身的一项内容,并对人们的着装生活产生了较大的影响。中国服装的遮体是严谨、一丝不苟的代表。

中国人对服饰非常注重,首先并不是为了表现漂亮与舒服,而是为了表现合乎礼仪,既不仅要合乎身份,还要合乎场合。在古代的服饰制度中,对服饰的适用人群、款式、面料等都做了明确的规定。

在近代中国,中国国门被打开,引入了西方文化,受西方文化的影响,中山装也具有了西式男装的特点。当然,与之前所说的西服相比,中山装呈现的是中国人的端庄与含蓄,也是封闭、保守的体现。

二、英汉服饰的色彩选择比较

(一)西方服饰多推崇白色与紫色

在古罗马时期,西方人推崇白色与紫色。在西方人眼中,白色象征纯洁、高雅、正直、无邪。尤其是西方人结婚时,婚纱的颜色会选择白色,与白马王子步入婚姻殿堂。

另外,除了白色外,紫色也是西方人崇尚的颜色,一般被西方贵族钟爱。

(二)中国服饰多推崇黑色、黄色与红色

在上古时期,中国先人崇尚黑色,认为黑色是支配万物的天帝色彩。因此,夏商周时期,天子会选择黑色作为冕服。

之后,随着封建集权制度的确立,人们将崇尚黑色转向崇尚黄色,认为黄色代表着尊贵。到了汉朝,汉文帝将龙袍制成黄色,之后各个皇帝都采用这一颜色。另外,黄帝是中华文明的开创者,因此"黄"这个颜色非常受到重视,并且黄色与中国人的肤色相同,那么将黄色作为龙袍的颜色也是可以理解的了。因此,在中国人眼中,黄色代表着权威、高贵、庄严等。

除了黑色与黄色外,中国人对红色也情有独钟,其象征着喜庆、热情,因此中国人也喜欢穿红色的衣服,尤其是结婚时,新郎新娘的衣服也会选择红色,代表的是吉祥如意、红红火火。

三、英汉服饰的审美基调比较

(一)西方服饰走"荒诞"审美

在西方人眼中,"荒诞"是一种与传统审美标准不符的形式表现。与中国的和谐相比,"荒诞"的出现是出乎人们意料的。更确切地来说,"荒诞"和和谐是相对立的。和谐是美的最佳形态,是人们对服饰的一种永恒的审美追求。那么,西方人对服饰的荒诞追求是如何诞生的呢?这主要可以考虑两点:一是随着历史的发展,和谐逐渐过渡到荒诞;二是荒诞满足了西方审美追求向前发展的需要。具体来说,西方人在对和谐进行追求的过程中,走入了山重水复的情境,这时需要一种新的表现形式的诞生,而荒诞恰好就是这样的一种形式。

西方服饰的荒诞可以说从哥特时期就已经出现了,之后的文艺复兴、洛可可等风格的出现,也是荒诞审美的表现。但是,真正将荒诞视作一种美来呈现,还是在美学上的存在主义出现之后。荒诞是一种为了表现而表现的意识,其中加入了很多形式美的要素,完全置于形式表现的氛围中。

从 20 世纪 60 年代以来,男士对服饰风格的追求不再是追求阳刚与英挺,而是追求柔性与颓废。进入 20 世纪 70 年代,一种叛逆风格的"朋克风貌""海盗服"等应运而生,这也是对传统服饰风格的一种冲击。事实上,这些造型与款式都是荒诞意识的代表,并利用了视觉与错觉,进行了各种形式的创造,在荒诞中彰显一种可爱的味道。

在 20 世纪 80 年代的服饰中,后现代主义风格将冲突、凌乱、反讽等作为主题,出现了文身风潮、颓废造型等。20 世纪 90 年代,受多元化与国际化的影响,服饰的荒诞风格也呈现了多元化。荒诞的风格也越来越成熟,并融入了各种形式的美。

总之,在近现代,西方荒诞审美的出现是和谐的一种走向,这种风格是这一时代的代表与潮流。现如今,这种形式并未被废弃,而是不断出现了各种创新的形式。

(二)中国服饰走"逍遥"审美

人们眼中的"逍遥"是一种自由的概念,但是从庄子的理念来说,"逍遥"影响了中国的审美观。

在中国古代的服饰中,"逍遥"是"气"的自由表达与精神传达,服饰的逍遥美与中国的"气"是串联在一起的。在中国古代文化中,仁、义、礼、智、信是人的本性,而人与制度达到完全契合时就会形成一种"随心所欲"之感,即所谓的自由。

儒家思想认为,争是违背礼法的。道家也认为,人的美好是本性的美好,不需要外在进行掩饰,只要保持内心的气、意、神的结合,就能够实现人与自然的合一。也正是这样的融合,才能达到一种超脱自然的逍遥姿态。因此,这种逍遥美就是中国服饰的审美基调,也是以后中国服饰的一种审美走向。

中国服饰有着宽大的袖子与衣襟,并灌注了"气"的精神,因此显得更为逍遥。中国历史上的唐装都体现了这一特点,也是大胆开放逍遥之风的呈现。

在中国近代服饰上,虽然独创的风格很少,但是这种逍遥之风仍然禁锢在人们的穿着与审美之中。

四、英汉服饰的造型风格比较

(一)西方服饰的造型风格多变

从形制方面来看,西方的服饰文化是多源性的。西方文化是从地中海地区发源的,古希腊文明受到这一地区文化的影响,早在公元前3500年左右,苏美尔人就已经学会了使用羊毛纤维织物包缠在人体上,从而出现了西方最早的服饰。

受到气候因素的影响和制约,古埃及人着装很少,比较底层的人往往用简单的布料将下身缠绕,形成围裙,有的甚至完全处于裸体状态。在公元前1750至公元前1450年的300年时间里,地中海东部的克里特岛上的米诺斯文明进入了鼎盛时期,他们的服饰是露胸的紧身短上衣,配以荷叶边状多层下摆重叠的喇叭裙,这种服饰造型精致典雅。

公元前1200年,巴尔干半岛西北伊利里亚的多利安日渐壮大,他们集结兵力入侵希腊半岛,之后将当地的服饰制度废除,将与之完全不同的服饰引入,即主要以披挂包缠为主。

无论是款式还是面料,古希腊服饰都受到地中海地区的明显影响。古罗马人也同样如此,并明确规定:穿裁剪缝制服饰者要被判处死刑。当时的服饰还没有结构制式,仅仅是从身高来断定的,以不同的方法缠绕在人们的身上,形成不同的穿衣风格。

东罗马帝国以拜占庭为首都逐渐壮大之后,逐渐受东方的影响,人们的穿着不再裸体与暴露,无论男女都穿着宽松略肥的衣服,能够严密地遮挡自己的身体,也不会显现人体的线条,因此实现了形式与内容的统一。

之后,文艺复兴爆发,欧洲文化与欧洲艺术达到了繁荣局面。文艺复兴的人们也倡导追求个性与自由,打破封建神学的束缚,人们开始崇尚天国的幸福,对人世间的幸福也多为关注。因此,人们的服饰也发生了改变,呈现了多样化,色彩也非常丰富与显眼,这也是对人体着装美的体现。

欧洲中世纪之后,服饰文化又出现了新的特色与创新,是一种进取的文化。人们不喜欢与他人雷同,因此在服饰的风格上不断发生改变,一种风格很快会被另一种风格取代。

由于资本主义发展的不平衡,近代欧洲的政治中心并不是固定的,而是在不断发生转移,服饰文化也随之不断发生改变。到了16世纪下半叶,西班牙成为霸主,因此西班牙的服饰成为欧洲时尚的代表。进入17世纪上半叶,荷兰经济蓬勃发展,建立了第一个资产阶级共和国,因此逐渐成为欧洲霸主。当时荷兰的服饰主要倾向于舒适与自然,将夸张与僵硬的西班牙服饰造型取代,并引领了当时欧洲潮流。17世纪下半叶,法国逐渐崛起,也使得欧洲的文化中心转移至此,其服饰文化中心地位也逐渐在欧洲确立起来。法国的服饰追求华丽与结构造作,推崇巴洛克风格,一直到18世纪上半叶,其才被洛可可风格取代。18世纪下半叶,洛可可风格也逐渐走下坡路,新的古典主义风格诞生,并逐渐引领了欧洲的服饰时尚。19世纪,新艺术风格影响了欧洲的服饰时尚。[1]

从西方服饰的发展可以看出,其中心在不断地发生改变,形式上也出现了起伏的局面,这与当时的时代特征是相符的。但是不难看出,服饰的更新速度较快,交替较为频繁。

(二)中国服饰的造型风格并无多大变化

中国的传统服饰历史非常悠久,但是由于交通不顺畅,往往比较闭塞,加上农业文明的束缚,导致中国传统服饰几乎没有任何变化。我们的祖先创造了宽衣服饰文化,因此这一服饰特色在古代流传,但并未改变形制。

中国服饰文化属于单源性文化,其有着"衣冠之国"的美誉,历史也很久远。早在尧舜时期,中华民族就已经开始采用上衣下裳的服饰形制,这可以从一些出土的文物中看出来。具体来说,上衣一定要超过膝盖,衣襟相交叠,形成交叉的领口,腰间用带子系上,下身则穿着围裳。中国古代称这种服饰形式为右衽,连同束发的装扮代表的是中国的古老文明。

从原始社会到现代,中国经历了多个朝代,但服饰形制的独特性没有发生改变。在漫长的历史长河中,中国文化"在一个不变的宇宙观,不变的政治制度,不变的伦理信条,不变的人生理想中,毫无间断地延续下来"[2]。在这一情况下,中国服饰文化也就彰显不出创新性,而呈现更多的是连续性与继承性。

---

[1] 陈坤林,何强.中西文化比较[M].北京:国防工业出版社,2010:226-227.
[2] 陈坤林,何强.中西文化比较[M].北京:国防工业出版社,2010:228.

综合来看中国的服饰历史,从商朝上衣下裳的服饰形制,到周朝上下衣连在一起的深衣的出现,是服饰制式的一次改变;到了战国时期,赵武灵王为了适应山地骑兵的作战需要,引入了胡服来代替以前的宽衣袍带式服饰,这是一次重大变革,但是并未推及中原地区。

从秦汉开始,中国的服饰形制基本上并未有什么大的改变,男子着袍衫,女子着襦裙,并且这一形制在之后的各个朝代都有所沿用。虽然一些少数民族的进入使得服饰形制发生了些许改变,但是仅仅是中国服饰的小插曲,随着时间的推移也会被汉民族本地的服饰文化制度取代或同化。

五、英汉重要服饰比较

(一)西装与唐装

1. 西装

17世纪,西装在欧洲诞生,至今已经成为男士出席各种场合的日常服装。现如今,西装备受欢迎,并且经久不衰,主要是因为其体现了端庄、整洁的特征,并且不论什么年龄的人都适合。另外,西装之所以流行开来还有一个重要原因,就是西装有着丰富的文化底蕴。

在路易十四时代,衣长到膝盖的"究斯特科尔"、比其略短的"贝斯特"、紧身合体的"克尤罗特"一起登上服饰界的舞台,并构成了西装的基本样式。一般,究斯特科尔前襟不扣起来,要扣扣子也一般扣腰围线上下部分,这就是现代的单排扣西装的前身。

西装的面料、色彩等与唐装存在差异,在面料上,古代欧洲往往选择亚麻布或半毛织物。在颜色上,古希腊人崇尚白色,古罗马人崇尚白色与紫色,因为在他们眼中,白色是纯洁的代表,紫色是高贵的代表。自欧洲文艺复兴以来,人们开始追求奢华,很多衣服配有明亮的颜色,如法国人崇尚丁香色、天蓝色等,西班牙人崇尚银灰色等。

另外,西装的穿着与搭配也非常考究。如果一位男士身材粗壮,一般会选择单排扣的西装,并且保证合身的尺寸,可以稍微选择小一些的西装,这样能够将胸部凸显出来。但是,为了遮掩腹部,一般要扣上纽扣,并且颜色也会选择深色的。在裤子的配饰上,这一类人往往不会选择皮带,而是选择背带,这样可以使裤子穿起来更为自然,也不会使裤腰滑落。衬衫选择尖长领的直条纹衬衫,配上领带,这样别人就不会注意到你的腰围了。如果一位男士身材矮小,适合穿间隔不太大的深底细条纹西装,这样看起来让他更为高挑一些。上装的长度应该选择短一些的,这样会凸显腿部长一些,并配有直条纹尖领衬衫与颜色鲜艳的领带。选择的裤子应该是裤线不明显的,选择的鞋子应该高一些,这样能增加他的高度。如果一位男士身材高挑,选择的西装不适合用细条纹,这样会将身材的缺点凸显出来,应该选择格子图案的西装。上装颜色与裤子颜色应形成鲜明对比,避免穿整套的西装,最好选择双排扣与宽领的上衣,配有宽领衬衫与丝制宽领带,图案最好是三角形或者垂直的,这样可以使体型显得更为厚实。另外,裤子应有明显的折线,穿上宽皮带与厚底皮鞋,给人一种敦厚之感。

2. 唐装

唐装是中国服饰一个好听且固定的名字。有人将唐装界定为唐朝服装,但是很多专家学者认为,唐装并不是唐朝的服装。在我国历史上,唐朝是一个兴旺强大的王朝,在世界上有着巨大的影响,因此古今海外都称呼中国人为"唐人",将具有中国古代的服装称为"唐装"。但是现如今,"唐装"仅仅是一个泛化的称呼,代表的是中国所有的传统特色服装,因此不仅仅是"唐朝服装"。

对于唐装,其与西装有明显区别,潮人一般将唐装称为"本地衫裤",其分为两类:开胸衫与大衫。裤是将左右两个比较宽大的褶皱缝起来,与裤裆相接,再在裤子的褶皱上附上半尺高左右的较薄的裤头、开胸衫为平裾,胸前为平分均开,领子有七个纽扣,小孩的为五个,从领子下到衣角会均匀缝上几个纽扣。一般,开胸衫为男士的衣服。大衫是在领子下斜襟到右边腋下部分为开口处,然后一直垂直到腰部。纽扣也是从领部到腰部均匀缝制,一般也包含七个纽扣。大衫为女士的衣服,他们除了穿内衣,大衫就是他们的外衣。当然,一些有钱阶层的男士或者教书先生也会选择大衫。

唐装习惯用图案来代表吉祥,有的配有飞禽走兽,有的配有四季花卉,有的配有几何纹样,这些有的彰显抽象,有的彰显夸张,不过都是为了抒发自己的情感与图案的寓意。

(二)西式长裙与旗袍

1. 西式长裙

西式的长裙也呈现的是女性的身材美。长裙的特色在于凸显女性身体各个部位的反差,从而对性感部位加以强化,具有明显的浪漫主义情怀。西式长裙结构非常复杂,能够对身体的面积与长度进行延伸,往往是人还没到,就可以听到裙子的声音,尤其是晚礼服、婚纱等都是最好的体现。

长裙是新古典主义时期的代表性女装,那时女性多穿轻薄宽裙,领口宽且低,腰线也提到胸下,这样可以凸显宽松的胸部,从腰线以下,裙子下垂,彰显舒畅的线条。

2. 旗袍

旗袍是清朝的旗人服装。当时,有单袍、夹袍、丝绵袍等。清朝的旗袍主要是为了对身体进行掩盖,因此腰身比较平直且宽松,有着宽大的袖口,衣长直至脚踝。

现代意义上的旗袍是在 20 世纪初出现的,到了三四十年代达到顶峰,是当时中国女性颇具代表性的服装。当时,上海地区对海派的西方生活方式有所崇尚,因此对旗袍进行改良,从对身体曲线的掩盖转变为对女性美的彰显,使旗袍脱离了旧俗模式,成为当代女性的国服。

20世纪30年代,受西方短裙的影响,中国旗袍的长度缩短,也缩小了袖口,与身体更为贴合。到了20世纪30年代中期,旗袍又增加了长度,但是两边开叉,紧贴腰身,显示出女性的身体美。现如今,中国的旗袍增加了很多现代设计元素,尤其是下摆的变化,选用的材料也多种多样。

在料子上,旗袍多选择绸缎类、真丝类,这些料子本身是非常昂贵的,但穿起来非常舒适,尤其对于贴身的旗袍来说,更符合女性的肤感。当然,现如今的旗袍也有一些比较差的材质,如混纺料,材料是差很多,做出的旗袍却非常挺,同时不容易出现褶皱,也成为女性的一种选择。

在绣花上,有机器绣花与人工绣花,如果是人工绣花,那么这件旗袍的档次是非常高的,如果是机器绣花,那么其必定非常匀称。但是相比之下,人工绣花更能给人活灵活现之感。

第四节　文化领域下的英汉建筑比较

建筑文化记录着一个民族与自然之间的关系历程,体现了该民族利用自然、改造自然的发展过程。因此,建筑文化展现出广阔的适应性与强大的生命力,是民族历史的活化石。但英汉民族的建筑文化从古至今也存在着明显的差异。本节就对文化领域下的英汉建筑进行比较与分析。

一、英汉建筑的价值取向比较

(一)西方建筑推崇宗室本位

西方建筑追求宗室本位,英国伦敦的圣保罗大教堂就是最为典型的代表。教堂代表的是人们的精神,是神圣不可侵犯的。这种哥特式的教堂往往呈现灵动、奔放的力量,线条的直升、空间推移的奇突,光线的色彩斑斓等,形成一种"非人间"的境界,给人一种神秘之感与冲力,将人的意念带到"天国"。

(二)中国建筑推崇宫室本位

中华民族的思想源于对自然中山地、日月、草木的一种崇拜,其中畏天思想是非常突出的。对自然的崇拜最初的体现就是筑坛植树。后来,受古代思想的影响,道观、佛寺等纷纷出来,这也是对宫殿建筑的一种模仿。

宫室本位的建筑是中国建筑的主流,中国古代的君王提倡奉天承运,具有绝对的权威性,因此享受无限的尊严与至高的地位。天子除了对臣民有生杀予夺的权力外,最主要的还是对万事万物的负责。

二、英汉建筑的模式形状比较

(一)西方建筑勇于创新

从纵向层面对西方建筑文化进行分析,其整体上所呈现的是不断的演进和跃变的发展态势。从希腊雅典卫城上出现的第一批神庙起到目前已经有2 500多年的历史,在这一期间,整个欧洲古代的建筑形态从始至终都在发生着演进和跃变。具体经历了以下几大演变历程:从古希腊古典柱式到古罗马的拱券、穹顶技术,从哥特建筑的尖券、十字拱和飞扶壁技术到欧洲文艺复兴时代的罗马圣彼得大教堂,无论是在形象、比例、装饰以及空间布局等方面,西方的建筑文化都发生了很大的变化。这些建筑文化其实都很好地反映了西方人勇于创新、独辟蹊径的精神。

(二)中国建筑较为稳定

建筑文化作为与人类关系密切的一种文化形式,其不仅有对历史性的继承,还有在继承基础上的改变和创新。对建筑发展的历程进行深入分析不难发现,我国的建筑文化在整体上呈现了"保守"这一典型特点。据相关文献资料的记载,我国的建筑形式和建筑中经常用到的材料甚至在3 000年之内几乎没有发生任何改变。

三、英汉建筑的形态层次比较

(一)西方建筑讲究追求形式、注重几何

西方建筑着重灵活多样,追求形式之美以及外在景象带给人的感受。西方古典建筑多呈现几何图形,非常壮观与大气。虽然经过了历史的变革,但是各个历史阶段都有着各自的特点。只要人们稍微有点常识,就能够将哥特式建筑与巴洛克式建筑区分开来。

可见,西方建筑文化是明确的、理性的,他们认为一切事物的根本标准就在于数,并且在比例上体现了明确的数理文化。

另外,在西方建筑中,广场是最具有特色的建筑,其与其他形式的建筑紧密结合,充分与城市环境相融合,是西方开放性文化传统的体现。西方的每一个大城市的建筑都是以广场作为空间标志,周边以不同功能的建筑环绕,体现出广场空间的主导地位,是建筑主体的一部分。

(二)中国建筑讲究对称、注重秀丽

中国建筑追求对称之美,也就是说其中轴线的设计是非常受欢迎的,这样的建筑格局呈现一种恢宏的气势,并且从纵向看是层层相扣的。中轴线的旁边往往有一些次要的建筑,以构成对称。事实上,中国的这种审美风格是受中国政治文化与君臣文化影响的,暗示着中国对中庸、保守、和谐思想的推崇。

在特定空间环境内,中国的建筑往往以某一个核心建筑作为主体,运用特定的方法向周边建筑拓展,然后再定位这些建筑的具体功能,形成建筑群,并且在轴线上也是对称的,保持一种完整性。

另外,在中国的建筑中,院落是其中的主体元素,无论是官家的轴线院落,还是园林的错落院落都是其最好的呈现。建筑中的院落空间是围合状态下的封闭空间,院落居于主体,周围以院落为中心来布置,体现的是一种表意的精神美。

四、英汉重要建筑比较

(一)西方的重要建筑

1. 古希腊建筑的辉煌创造——巴特农神庙

在古希腊时期,航海与经商的天然港口就是雅典城。之后,雅典经过了多场战争,百废待兴,到了公园 450 年,也就是伯里克执政的时期,他开始广纳建筑良才,重振雅典城。这一时期,艺术与哲学达到了一个空前繁荣的局面。

在黄金时期,雅典新卫城的主要建筑有巴特农神庙、厄勒克西奥神庙、胜利女神尼姬神庙。其中巴特农神庙是为了供奉雅典娜女神修建的,因此是最辉煌的建筑。

巴特农神庙修建于公元前 447 年,是一座长方形的庙宇,外面竖立着雅典娜女神铜像,其是雅典城最高的标志。但是,现在这座铜像已经不复存在。

整个巴特农神庙采用的是围柱式的结构,四周有 17 根主柱,庙宇为 70m×31m,与黄金分割的审美标准是相符的。同时,庙宇以白色大理石作为建筑材料,用镀金青铜作为建筑的装饰物,给人以高贵华丽之感,并显得更加壮实有力。

巴特农神庙的全部雕塑一共包含三个部分。

第一部分为人字墙上的雕像,位于东西两角,以浮雕相称。

第二部分为雅典娜与波塞冬争夺雅典保护神的雕像。

第三部分为"命运三女神"雕像,其以生动的姿态、富有生命力的躯体,给人一种血液流动的感觉,也表现出雕塑家对人体的了解与精湛的技术。

2. 哥特式建筑的典范——巴黎圣母院

巴黎圣母院是哥特式建筑的典范,是最具有艺术价值的一座教堂。整座教堂的墙壁、窗棂等都是用石头雕刻而成的。

巴黎圣母院由三座殿堂构成。正门的建筑从上到下可以划分为三层,在顶部有两座钟楼,对称摆放。其中的浮雕都取材于《圣经》中的故事。

巴黎圣母院最精彩的部分是屋顶、塔楼与扶壁,其顶部多为尖塔式样,门窗为尖拱形,如同一个直逼蓝天的箭头。内部的扶壁给人以灵巧之感。如果你站在里面,仰头会给你一种腾空之感,如同进入天国一般。当阳光照射入内,室内光影柔和,俨然一种虚幻之境。

3. 古典主义的杰作——凡尔赛宫

凡尔赛宫是17世纪古典主义的园林杰作,其原本为路易十三的猎庄,但经过不断的发展与后代人的建筑,现在成了西方世界最大的园林,也是古典主义的代表。

凡尔赛宫的中轴线长达3公里,是全局的统帅,西面是轴线式的设计,凸显层次性。道路呈网状式,是对中央集权制度的图解,一座花园与宫殿的西墙贴近,中央设置一对水池,可以鲜明地映衬出宫殿的明丽色彩。在水池台地的南北,配有图案式的花坛,北侧的花坛之外设有喷泉小径,南侧的花坛之外设有台阶,台阶下有花圃,以橘树的种植为主,再外侧是一片湖,给人以开阔之感。

在水池台地之西,有一个圆形大水池,中间立着太阳神阿波罗母亲拉冬娜的雕像,拉冬娜一手护着阿波罗,一手为他遮挡喷泉水珠。在喷泉西部,有一块草地,两侧有白色石像,都配有神话人物。石像之外被划分为12个区,每一个区包含一个主题。总之,整体给人以幽静之感,大小也设置得非常适度,展现出法国的浪漫情怀。

(二)中国的重要建筑

1. 丰富多彩的民居建筑

中国有着丰富的民族、广阔的地域,传统民居丰富多样、种类繁多。

(1)北京四合院

在中国古代的民居建筑中,北京四合院是最为典型的,这种建筑风格与我国的宗族制度相关,也体现出封建社会的家庭等级制度,是中国古代文化的代表形式。

四合院的种类很多,到了明清时期,无论是材料的选择,还是结构的布局,都已经固定成型。由于不同家族等级不同,财富拥有的多少也不同,因此四合院的大小也存在差异。

一般来说,北京四合院呈现三进四合院,这是最为典型的制式,这种建筑以一条严密的南北向的中轴线为中心,宅院大多位于东南角,有"紫气东来"的意味。进入一个宅院,迎面呈现的是一块影壁,并且配有砖雕等饰物,旁边以盆栽花卉环绕,给人以家族兴旺的气息。就空间艺术上说,转弯抹角是对宅院的一种含蓄的描述,因为转弯的目的是防止煞气的进入,并且含有家丑不可外扬的意思。

进入宅院室内,一般比较狭小,南侧为一排朝北的房子,为"侧座",一般供仆人使用,也可以留客过夜。除了用来住宿外,这些房子也可以放置杂物。小院北边有一垛墙,正中有一扇垂花门,门内为主院,也是大院,院内有大量草木花卉。主院一般坐北朝南,最大的一间为家主的房间,旁边配有书房、客厅等,两侧还有小跨院、厢房,用于晚辈的住宿、小客厅、小书房等。在各个院落的连接处有廊道,即便雨天也不会淋湿。

正房之后还有小院,一排有罩房,为女佣的住所以及库房。整座院落的外围都是封闭的,以保证安全和宁静。这符合古代的礼数,妇女不能随便到外院,客人也不可以随便进入内院。

另外,室内门窗、檐柱等配有各种饰品,通过这些饰品,保证室内的空间具有丰富的层次以及虚实有致的空间。

(2)江南水乡民居

送人游吴

杜荀鹤(唐)

君到姑苏见,人家尽枕河。
古宫闲地少,水港小桥多。
夜市卖菱藕,春船载绮罗。
遥知未眠月,乡思在渔歌。

这首诗是对江南水乡风光的描述。江南,又可以称为"江东",指的是长三角、钱塘江一带,也是中国著名的鱼米之乡。这些地方气候宜人,有很多人文景观,尤其是绍兴、苏州更甚。

陈宅是苏州著名的民居,这座住宅的基本结构类似于北京的四合院,也呈现中轴线的设置。大门进去之后,正对面为轿厅,这是一进院落。转弯入内院为二进院落,然后三进院落,有小院和东西披屋,后面为最后一进院落。这样共四进院落,东边可以称为"避弄",每一个院落都有一个小门,"避弄"不仅可以直达整个院子的后门,还可以直通边门,这样的设计是非常方便的。当然,从实用角度来说,"避弄"的设计主要是为了防火与避客,每逢家中有宾客到来时,家里的妇人是需要躲避的。

陈宅的两侧有河流,西南角有小桥流水,这是典型江南水乡的体现。

(3)四川民居

四川,在古代称为"巴蜀",巴山巫峡,地势较为险峻,高低起伏,因此这一代的建筑都是考虑地势而兴建起来的,呈现高低错落之感,最具有代表性的就是吊脚楼。所谓吊脚楼,即在坡地上兴建房屋,用悬挑的方式加大进深之处,一半在坡地上,一半悬挑出平面,是一个双层楼房。

四川盆地地势较为平坦,民居的形式与长江中下游地区没有多大的差别。但是,特殊之处在于四川人喜欢用天井的数量对规模加以计算,某一家只要说出需要几个天井,那么就可以看出这家人的多寡以及家业的雄厚。

由于四川地区景色优美,峨眉山一带的民居上也往往建设有冲楼,即小书阁,结构较为简单,周边景色宜人,开窗远眺,给人一种心旷神怡之感。

综合来说,四川民居与地势有着密切的关系,因此建筑方式也大体可以分为如下六种。

第一,"台",用于坡度陡峭的地方,如同梯田一样,将坡面层层剖开,进而一层层升高,形成广阔的平台,在平台上建筑房屋,一个平台一个进院。这一建筑形式在四川地区较为普遍。

第二,"挑",即用于地形狭窄的地方,在楼层处兴建挑楼式的挑廊,用于对室内的空间进行扩大。一般来说,这种住宅形式在城镇较多,尤其是沿街的房屋。

第三,"拖",即用于地形较为平坦的地方,将建筑物按照垂直于等高线的方向来建造,这一做法适合建造厢房,屋顶也呈现阶梯形状,显得更为美观。

第四,"坡",即房屋按照垂直于等高线的方向顺坡度来建造,坡度比上面一种方式更为平坦,屋面给人一种整齐之感。

第五,"梭",即房屋的屋顶向后方拉长,形成前面高、后面低的情况,多用于厢房的建设。这一部分建筑多用于堆放杂物或者饲养牲畜。

第六"吊",就是前面我们所说的吊脚楼。

2. 城市的文化品位

说到"城市",人们肯定想到的是文明的标志,而城市最早形成于夏朝时期,因此这里所说的城市也是古代的城市。

(1)北宋都城东京

东京就是今天的"开封",开封有着悠久的历史,很多朝代都在此建造都城,因此被称为"七朝古都"。

公元前4世纪，魏惠王迁都大梁，当魏被秦朝灭亡之后，这座城池开始衰落，直到隋代，由于运河的开凿，这座城池又开始繁荣起来。唐代安史之乱之后，长安洛阳受到破坏，而开封则得到进一步的发展。五代时期，除了后唐，其他四代都建都开封，这时候已经称为"东京"。

北宋开国的初期，关于建都问题，一些大臣有过争论。很多人主张建都洛阳，但是当时的洛阳已经残破不堪，因此不得不建都开封。由于开封没有险要地势守护，因此朝廷对于城防工程非常看重。中心为皇城，是皇帝朝政与生活的地方，周围城墙十分坚固，用砖石砌成。

在皇城之外，有内城，是东京的精华，除了有政府机构，还有酒楼、商店、庙宇、住宅等，是十分繁华的地方。在内城之外即为外城，外城的街道布局以宫城作为中心，构成辐射式与方格式的结构。城四周有河道，是主要的交通与商业贸易区，可用于饮水与浏览。

（2）明清时代北京城

在元代，北京称为"大都"，后朱元璋在南京建都，"大都"因此改名为"北平"，明成祖朱棣夺取政权，将"北平"改为"北京"，并将都城迁至于此。清兵入关之后，仍旧将北京作为都城，直到现在。

在明清时期，北京城分为三重：皇城、内城、外城，皇城中包含紫禁城。皇城位于内城的中间靠南的一侧，南部有大明门，两角有长安左门与长安右门。东部有T型广场，设置有礼部、吏部、户部等中央机关。西部有总督府、太常寺等。北部为皇城的正门承天门，清朝称为"天安门"。天安门前面有金水桥、华表石狮等装饰。

北京城布局非常严谨，也呈现横平竖直的理念，东西大道与南北大道交错呈现，中间有胡同拼接，可曲可直，交通非常方便。北京皇城非常雄伟壮阔，高低错落有致，给人以繁荣有序、金碧辉煌之感。

3. 典雅秀美的园林艺术

中国有着典雅优美的园林艺术,其始于西周时期,之后各个朝代对于园林建筑都非常重视。到了明清时期,园林建筑达到顶峰,呈现的是一种人与自然和谐的韵味。

(1) 皇家园林中的瑰宝——颐和园

在我国的皇家园林中,颐和园是最具有代表性的园林,并且被保存得很好。颐和园建造的地方在金朝是皇帝的行宫,到了明代建设为皇家园林。

颐和园的规模非常巨大,面积为290公顷,并且一半以上为水面,陆地既包含平地,也包含山峦,万寿山为颐和园的主峰。在颐和园内有四个景区。

其一,朝廷宫室,包含东宫门、仁寿、供应房、住宅等。主殿为仁寿殿,主要用于皇帝处理政事、召见臣子的地方,皇帝居住地为乐寿堂。

其二,万寿山前面部分,有一个堪称世界第一廊的长廊,檐柱绘有彩画。

其三,万寿山后面山区部分,其最高的建筑是佛香阁,也是颐和园的主要景点。

其四,湖区,包含昆明湖、西湖、南湖等,占地面积3/4。其中著名的还有十七孔桥、八角亭、龙王庙等。湖区给人以自然风韵,也彰显了帝王家的气息。

(2) 私家园林中的璀璨明珠——苏州拙政园

拙政园位于苏州的东北方向,建造于明朝,是御史王献臣的私家园林。从私家园林的角度说,苏州拙政园是面积最大的,其主要以水景为主,园内多有水池,并且亭台楼榭居多,给人以明晦之感。

拙政园以水景为主要核心,分为三个部分:东部、中部、西部。中部园区为整个拙政园的主体部分,水池的占地面积为1/3,构造主要围绕水池,水池的南侧有亭台楼榭,北侧有林木山水,入口处在中部园区的东侧,称为"东半亭",亭子的前面有小石桥,是明代遗留下来的,经过小石桥不远处,为拙政园的主体建筑——远香亭,四周以圃廊环绕,给人以错落有致的感觉。在远香亭的北部有石头铺成的平台,水池中间有用土石垒成的小岛,这样山水交融,手法是非常独特的。远香亭的西部有四面亭,四周有荷花环绕,到了仲夏季节,柳树随风摇曳,荷花绽放,清香四溢。亭子有六角,呈现攒尖式,给人以空灵之感。水池的南面有一旱船,形式类似于花坊,后舱部分建有阁楼,通过这楼,可以观看整个拙政园的景色。

参考文献

[1] 白靖宇.文化与翻译(修订版)[M].北京:中国社会科学出版社,2010.

[2] 包惠南,包昂.中国文化与汉英翻译[M].北京:外文出版社,2004.

[3] 岑运强.语言学概论(4版)[M].北京:中国人民大学出版社,2015.

[4] 陈俊森,樊葳葳,钟华.跨文化交际与外语教育[M].武汉:华中科技大学出版社,2006.

[5] 陈坤林,何强.中西文化比较[M].北京:国防工业出版社,2010.

[6] 辞海编辑委员会.辞海[M].上海:上海辞书出版社,1989.

[7] 汉语大词典编纂处.汉语大词典(第二卷)[M].上海:汉语大词典出版社,1988.

[8] 何远秀.英汉常用修辞格对比研究[M].成都:西南交通大学出版社,2011.

[9] 胡文仲.英美文化辞典[M].北京:外语教学与研究出版社,1995.

[10] 黄勇.英汉语言文化比较[M].西安:西北工业大学出版社,2007.

[11] 贾玉新.跨文化交际学[M].上海:上海外语教育出版社,1997.

[12] 江峰,丁丽军.实用英语翻译[M].北京:电子工业出版社,2009.

[13] 兰萍. 英汉文化互译教程 [M]. 北京：中国人民大学出版社，2010.

[14] 蓝纯. 语言学概论 [M]. 北京：外语教学与研究出版社，2009.

[15] 李建军. 文化翻译论 [M]. 上海：复旦大学出版社，2010.

[16] 李建军. 新编英汉翻译 [M]. 上海：东华大学出版社，2004.

[17] 刘宓庆. 文化翻译论纲 [M]. 武汉：湖北教育出版社，1999.

[18] 刘瑞琴，韩淑琴，张红. 英汉委婉语对比与翻译 [M]. 银川：宁夏人民出版社，2010.

[19] 卢红梅. 华夏文化与汉英翻译（第二版）[M]. 武汉：武汉大学出版社，2008.

[20] 卢红梅. 华夏文化与汉英翻译 [M]. 武汉：武汉大学出版社，2006.

[21] 冒国安. 实用英汉对比教程 [M]. 重庆：重庆大学出版社，2004.

[22] 平洪，张国扬. 英语习语与英美文化 [M]. 北京：外语教学与研究出版社，2000.

[23] 孙英春. 跨文化传播学导论 [M]. 北京：北京大学出版社，2008.

[24] 汪德华. 中国与英美国家习俗文化比较 [M]. 杭州：浙江大学出版社，2011.

[25] 王武兴. 英汉语言对比与翻译 [M]. 北京：北京大学出版社，2003.

[26] 吴为善，严慧仙. 跨文化交际概论 [M]. 北京：商务印书馆，2009.

[27] 辛凌，王婷. 大学英语实用翻译教程 [M]. 重庆：重庆大学出版社，2009.

[28] 闫文培. 全球化语境下的中西文化及语言对比 [M]. 北

京：科学出版社，2007.

[29] 严明．跨文化交际理论研究 [M]．哈尔滨：黑龙江大学出版社，2009.

[30] 杨丰宁．英汉语言比较与翻译 [M]．天津：天津大学出版社，2006.

[31] 姚小平．如何学习研究语言学 [M]．北京：北京大学出版社，2013.

[32] 叶蜚声，徐通锵．语言学纲要（修订版）[M]．北京：北京大学出版社，2010.

[33] 殷莉，韩晓玲等．英汉习语与民俗文化 [M]．北京：北京大学出版社，2007.

[34] 张培基．习语汉译英研究（修订本）[M]．北京：商务印书馆，1979.

[35] 张培基．英汉翻译教程（修订本）[M]．上海：上海外语教育出版社，2009.

[36] 张维友．英汉语词汇对比研究 [M]．上海：上海外语教育出版社，2010.

[37] 张镇华．英语习语的文化内涵及其语用研究 [M]．北京：外语教学与研究出版社，2007.

[38] 祖晓梅．跨文化交际 [M]．北京：外语教学与研究出版社，2015.

[39] 陈星．从中西谚语看中西传统价值观 [D]．广州：广东外语外贸大学，2009.

[40] 付铮．英汉色彩词的文化内涵对比研究 [D]．北京：中央民族大学，2011.

[41] 胡心湄．汉语"上／下"与英语"on/under"的对比及对外汉语教学研究 [D]．南昌：南昌大学，2019.

[42] 刘宁．中西青年跨文化交际中价值观比较研究 [D]．石家庄：河北师范大学，2015.

[43] 买媛媛．论汉英植物词的文化联想意义与跨文化交际

[D]. 郑州：河南大学，2013.

[44] 强媛媛. 中西数字文化对比与对外汉语教学[D]. 郑州：河南大学，2013.

[45] 宋鹰. 文化与习语翻译[D]. 上海：上海海事大学，2003.

[46] 田蔷薇. 英汉植物词隐喻认知的文化对比研究[D]. 重庆：西南大学，2014.

[47] 王军霞. 汉语教学中英汉习语文化空缺现象研究[D]. 济南：山东师范大学，2016.

[48] 王梅. 从英汉习语看英汉文化的异同[D]. 成都：四川师范大学，2009.

[49] 王爽. 英汉习语文化对比[D]. 哈尔滨：黑龙江大学，2011.

[50] 王玉芹. 从文化角度看英语习语翻译[D]. 上海：上海外国语大学，2007.

[51] 武恩义. 英汉典故对比研究[D]. 北京：中央民族大学，2005.

[52] 宴琳. 汉语十二生肖动物隐喻对比及对外汉语教学[D]. 武汉：华中师范大学，2017.

[53] 张慧坤. 论中西服饰审美精神——气与形式的比较[D]. 天津：天津工业大学，2003.

[54] 张启文. 英汉动植物名词民俗语义对比研究[D]. 上海：华东师范大学，2007.

[55] 张璇. 十二生肖词汉英对比研究及对外汉语教学[D]. 太原：山西大学，2015.

[56] 张雪婷. 汉英禁忌语比较及其在对外汉语教学中的应用[D]. 天津：天津师范大学，2016.

[57] 赵君君. 英汉思维方式差异视域下的汉语写作教学研究[D]. 杭州：浙江大学，2013.

[58] 鲍冬娇. 英汉数字认知差异及偏好探析中西文化差异[J]. 数码设计，2017，（5）.

[59] 蔡静.浅析中西价值观差异[J].辽宁行政学院学报,2014,(4).

[60] 蔡培平.中西服饰文化的差异[J].江苏丝绸,2008,(2).

[61] 蔡晓琳.中西饮食文化对比分析[J].经济研究导刊,2013,(6).

[62] 曾尔奇.英汉人名的文化分析[J].河南科技大学学报,2006,(2).

[63] 柴奇.中西文化中数字喜忌的对比分析[J].吉林省教育学院学报,2014,(8).

[64] 陈思.英汉"东西南北"方位词对比研究[J].重庆文理学院学报,2018,(1).

[65] 成程.中西饮食文化差异与菜肴翻译技巧分析[J].湖北函授大学学报,2018,(12).

[66] 褚玉襄.英汉地名命名方式比较[J].淮北煤炭师范学院学报(哲学社会科学版),2002,(4).

[67] 丁婵婵.饮食文化与汉语国际推广[J].金田(励志),2012,(10).

[68] 董静.从文化翻译理论探析英汉典故的翻译技巧[J].文史博览,2016,(6).

[69] 付岳梅,刘强,应世潮.跨文化交际的界定和模式[J].沈阳建筑大学学报,2011,(4).

[70] 高文捷,白雪.英语语言学的理论体系与构建探讨[J].亚太教育,2016,(35).

[71] 郭沫.英汉基本色彩词的文化差异[J].文化创新比较研究,2018,(5).

[72] 郝建设.英汉姓氏人名翻译论述[J].武警学院学报,2016,(11).

[73] 郝晓静.论中西色彩词的文化差异[J].青海师范大学学报(哲学社会科学版),2012,(2).

[74] 贺显斌.语言与文化关系的多视角研究[J].西安外国语

学院学报,2002,(3).

[75] 胡建华.关于中西人名文化差异的跨文化研究[J].燕山大学学报(哲学社会科学版),2002,(8).

[76] 金娟.服饰习语中的隐喻现象及翻译[J].湖北成人教育学院学报,2013,(3).

[77] 况新华,曾剑平.语言与文化的关系述要[J].南昌航空工业学院学报,1999,(1).

[78] 李静雯.英汉植物词的文化比较与翻译[J].漳州职业技术学院学报,2012,(6).

[79] 李琳琳,丛丽.基于文化翻译理论的中国建筑文化翻译策略探究[J].长春教育学院学报,2015,(20).

[80] 李宁.英汉委婉语比较[J].长江大学学报,2011,(2).

[81] 李平.浅析具有中国特色的方位文化[J].语文学刊,2009,(14).

[82] 李倩.英汉委婉语比较研究[J].科技文汇,2011,(2)

[83] 李仙.论中西方建筑文化的差异[J].艺术与设计(理论),2009,(4).

[84] 李欣.比较视野中的中西传统节日文化[J].中州学刊,2008,(4).

[85] 梁赤民.论中国地名英译的统一[J].安徽工业大学学报(社会科学版),2010,(4).

[86] 林泠."鼠"的词汇和谚语中英文比较[J].琼州学院学报,2008,(3).

[87] 刘方俊,高洁.唐诗植物名称的英译策略与方法——以许渊冲《唐诗三百首》英译本为例[J].内蒙古财经大学学报,2013,(1).

[88] 刘兰君.英汉禁忌语之文化差异透视[J].现代教育化,2018,(5).

[89] 刘立吾,黄姝.节日文化:中西比较及其启示[J].湘潮(下半月),2014,(10).

[90] 刘美娟.中西地名命名及文化意蕴比较[J].浙江社会科学,2010,(9).

[91] 刘洋洋.中国地域文化与饮食翻译[J].科技资讯,2017,(26).

[92] 罗平,赵爱华.色彩词在中西文化中的联想与运用[J].沧桑,2009,(3).

[93] 马庆然.浅谈英汉习语的翻译[J].青春岁月,2015,(6).

[94] 马嵬.中西文化中部分色彩词的比较和翻译[J].赤峰学院学报(汉文哲学社会科学版),2009,(12).

[95] 马新.非语言交际中的空间观念——记中西文化冲撞[J].道德与文明,1994,(1).

[96] 全秀炜,凌欣怡.从姓名看中国传统文化[J].汉字与历史文化,2019,(18).

[97] 沈琳琳.传统服饰文化在大学英语翻译教学中的策略选择与翻译原则[J].职教通讯,2015,(21).

[98] 苏铮.浅谈英汉历史典故与翻译策略[J].英语广场,2016,(6).

[99] 汪爱荣.文化视角下中西时间观念的差异[J].青海社会科学,2011,(3).

[100] 王金荣.论英汉两种语言语法结构上的相似性[J].沧州师范专科学校学报,2008,(2).

[101] 王利君.中国地名的文化性及其翻译[J].河北理工大学学报,2009,(1).

[102] 王婷.中西方建筑艺术文化差别探析[J].大舞台,2013,(2).

[103] 王汐文,全秀炜,凌欣怡.中西方姓名文化的比较研究[J].汉字文化,2019,(17).

[104] 王正陆.英汉动植物词语文化比较研究[J].哲学与人文科学辑,2011,(S1).

[105] 肖华芝.论英汉人名折射出的中西文化差异[J].湖南

医科大学学报(社会科学版),2009,(5).

[106] 徐加娟.浅谈中西服饰文化的审美差异[J].中国民族博览,2015,(9).

[107] 徐岩.文化角度下的英语人名翻译初探[J].太原城市职业技术学院学报,2013,(6).

[108] 薛贝贝.英汉拟声词差异和拟声词的英语修辞功能[J].新西部(下半月),2009,(8).

[109] 杨超.人名、地名的中西互译[J].科学大众·科学教育,2017,(8).

[110] 杨晓军,廖莉莎.东西方地名文化比较及翻译策略[J].湘潭师范学院学报,1999,(5).

[111] 袁权,杨茹元,沈莹莹.中西方文化思维的差异在传统建筑上的体现[J].戏剧之家,2017,(4).

[112] 岳艳红.中西方地名比较研究[J].语文学刊,2012,(4).

[113] 张慧琴.全球化视阈下的服饰文化翻译研究从"头"谈起[J].中国翻译,2012,(3).

[114] 张珂铭.英国姓氏的历史文化底蕴分析[J].文学教育,2019,(4).

[115] 张艳.《红楼梦》中植物隐喻的翻译[J].安徽工业大学学报,2015,(2).

[116] 张艳萍.从古建筑看中西方文化差异[J].首都师范大学学报(自然科学版),2014,(1).

[117] 张义桂.中西方传统思维方式的差异及成因[J].文史博览(理论),2016,(6).

[118] 周玲燕.论数字里的中西文化差异[J].海外英语,2014,(18).

[119] 朱娥.跨文化差异与植物词语的翻译[J].昭通师范高等专科学校学报,2006,(1).

[120] 朱梦.新闻传播中英语地名翻译探讨[J].科技传播,2015,(10).

[121] 庄群. 浅析中西服饰文化差异[J]. 今日财富(金融发展与监管), 2011, (12).

[122] Potter, S. *Our Language*[M]. Middlesex: Penguin Books Ltd., 1950.